guide

导读
鲍德里亚
（原书第2版）

Jean Baudrillard 2e

理查德·J.莱恩（Richard J. Lane） 著

柏 愔 董晓蕾 译

重庆大学出版社

致吾妻,萨拉

目　录

我们今天为什么需要导读书？　/iii

译者前言　/ix

丛书编者前言　/xiii

致　谢　/xvii

为什么是鲍德里亚？　/1

关键思想　/7

1　起源：1960 年代的法国思潮　/9

2　技术的物体系　/31

3　原始叙事："最后一本关于真实的著作"　/51

4　重建马克思主义　/73

5　拟真与超真实　/93

6　恐怖主义：从人质到 9·11　/115

7　美国与后现代主义　/125

8　写作策略：后现代表演　/147

鲍德里亚之后　／163

进阶阅读书目　／171

参考文献　／187

索　引　／195

让·鲍德里亚思想源流简图　／205

我们今天
为什么需要导读书？

这批来自"劳特利奇批判思想家"（Routledge Critical Thinkers）系列的小书，构成了"思想家和思想导读"丛书的基石。早在丛书策划之初，我们就在豆瓣那个"藏龙卧虎"之地结识了一群志同道合的朋友。我们之间的对话从一个提问开始——"我们今天为什么需要导读书？"

> 我们今天对西学的译介，依然有一些是盲目跟进式的译介，而缺乏系统、深入的相关性研究。[1]

面对有识之士发出的这句尖锐批评，我们试图借助这一发问所引发的一系列思考，探寻专业性导读对于中国学界，特别是初入门者，意味着什么。呈现在我们面前的这套译作，是加入这次"探寻之旅"的朋友们，用他们的精彩译笔所作的回应。然而，在文本之外，一些智慧之果还散落在他们的言说之中，需要显现。

1　王晓路.序论:词语背后的思想轨迹[M]∥王晓路,等.文化批评关键词研究.北京:北京大学出版社,2007:5.

豆瓣 id:フ

"地图书"(将导读书视为探索思想的地图。)这个说法很不错，和弗雷德里克·詹姆逊(Fredric Jameson)的认知地图(cognitive mapping)有异曲同工之妙。

如果让我来定位入门书的意义的话，我会借用詹姆逊提出的另一个概念，即消逝的中介(vanishing mediator)。在一个辩证扬弃的过程中，一个"消逝的中介"发挥这样的作用：它施力于前一个状态从而引导出后一个状态，这个过程完成的同时它即消逝。

如果把入门书比作一个"消逝的中介"的话，它不怕当初的读者回过头来觉得它有种种缺陷和不足，因为这恰恰是它所想要达成的。如果一套入门书能发挥这样一个作用，我觉得它的编撰者就应该没有遗憾了。

豆瓣 id:剧旁

(李三达，湖南大学文学院讲师)

目前，很多中国学生读书进入了误区，就是认为读原典才是正道，解读的书一概不读，生怕这些人家咀嚼过的内容会影响他们对原典的认知。这真是再荒谬不过了，而我导师一再强调要规避这种误区，不要总摆出一副不世奇才的心态，别人苦心经营的研究成果只能是明灯，与原典相辅相成，待到你学力足够方知深浅和漏洞，彼时再别出心裁不迟。我深以为然。

豆瓣 id:坏卡超

二手文献或导读性文献确实很有必要。并且也应该重视英语世界的二手文献。尽管英语世界不是欧陆哲学的发源地，但英语作者一般都会比较注重用清晰易懂的语言来解释深邃的道理。

豆瓣 id：**近视眼女郎**
（**路程，上海外国语大学文学研究院助理研究员，《导读阿多诺》译者**）

我个人以为，无论从学术还是知识普及的角度来说，系统引进导读类的书都是多多益善的。当我想了解某位思想家，首先会做的，也是去寻找一些靠谱的导读书来看。

豆瓣 id：**年方十八发如雪**

国内许多入门级、导论级著作，往往都是引了过多的原文，而非对文本本身的解读。换言之，本来是要作者来解释文本，结果成了作者从原著中摘了几句话，让读者自行领会。或者直接就是由作者的一些论文拼凑出来。这样的后果自然是让初学者一头雾水，完全起不到导论的功能。

相比而言，Critical Thinkers 这套书的一个优点就是由作者带领读者读文本，其次就是每本书后面的文献相对来说都比较齐全，有助于进一步的研究，最后是该系列的很多思想家都是国内很少涉及的，比如阿甘本等，引进来也有开拓作用。总之，老少咸宜。

豆瓣 id：**Igitur**
（**于长恺，爱好阅读法国当代哲学书籍**）

毕竟从原著开始着手，需要忍受其本身的拧巴语言风格，西式的语法结构，不同的文化背景、语境。能够有可靠、系统的介绍文本为后续的阅读指引道路，可以节省许多绕弯路的时间，减少初学者的挫折感，增强学习兴趣。

豆瓣 id：H.弗

（卢毅，复旦大学哲学学院）

这些著作就成了维特根斯坦所说的"梯子"，特别是初学者在很大程度上需要借助它们来对某位思想家基本的思想观点先有个大致的把握和了解，这样，一方面可以帮助人们铺平一些道路、消除一些畏难心理，另一方面可以作为一个引子更好地激发起人们的学习兴趣而不只是无助感与挫败感。

豆瓣 id：Gawiel

（马景超，美国维拉诺瓦大学[Villanova University] 哲学系博士在读，《导读波伏瓦》译者）

我以前在国内读书的时候，也经常感到这样的不便，尽管黑格尔、康德和海德格尔等寥寥几位有一些不错的入手读物，但是大部分人还是缺乏类似的读物来引荐。我也非常希望能够通过"地图书"来改变大家的读法，否则，对于很多学科和很多学者都只是停留在泛泛了解一点的程度上，很难进行有建设性的学术研究。比如，人人都知道福柯谈"权力"，然而什么是权力，则需要深入阅读福柯的几本作品，并且能够将不同作品里面的理念联系起来，才能有所了解，否则只是在用我们日常语言中的"权力"去套用福柯的牙慧。如果没有导读性质的作品，读者（尤其是本来就没有精读压力的人）就很容易停留在套用牙慧这个地方，而对于真正有意思的书望而却步。

还有像巴特勒（Butler）这样的作家，作品中有一些话看上去很有力（"性别是一种操演"），但是理解前后文就需要知识背景（"主体由操演建构"）了。那么，如果没有导读类的书，一般读者很容易就理解为：一个人可以自由决定自己扮演男性还是女性，而这恰恰是巴特勒(作为反人文主义[anti-humanism]传统的继承)最不可能持有的观点,她想说的恰恰是自我的形成过程中,性别作为一种操演已经参与了这一形成,因此没有性别之外、语言之外的"无性别"、"前性别"的主体。

这些都是我常见到的误解,我觉得也许导读类书的引介可以改变这种"好读书不求甚解"的现状,尤其是对于并非哲学专业,但是需要运用到哲学理论的人,导读类的书更可以起到介绍理论背景和避免断章取义的作用。

豆瓣 id:迷迭香

(李素军,中国社会科学院文学所博士研究生)

作为一个理论专业的学生,我深知直接读原著的个中艰辛。理论难读的原因之一是翻译,抛却误译等人为因素,西方思想转换到中文语境里所带来的语言的晦涩也是一个很大的问题;其二,每个思想家都有自己的理论语境,他在继承什么,反对什么都不是短时间内可以看明白的,换言之,我们得摸清楚他的理论轨迹。

豆瓣 id:霍拉旭的复仇

(汪海,中国人民大学文学院讲师)

从学生过来的我,也经历过一个阶段,听到很多老师强调直接阅读原典,生怕受二手资料的影响。但实际上,若没有一个导读的阶段做宏观把握,直接读原典的结果就是不知所云,看了就忘。

我个人从来不相信"白板说",以为学生在不读二手书之前是纯洁的、不受污染的、具有反思力的"白板"。没有大量的阅读,根本培养不出反思力,导读是必需的,最好是有多重不同看法和角度的导读。

极其要不得的是对原典的态度——面对"名著"没有一颗平常心:或者极其功利地想要推翻它,从而证明自己的高明;或者直接拜倒,因为它是"典",是权威。好的读书方法就是培养好的民主政治素质,要学会听不同的意见,"名著"之所以是名著,不是因为它是"典",是权威(虽然它有权威性),而在于它是一个伟大的空间,容得下太多的探讨、太多的声音,不断激发更多的思考、更多的创造,所以才有那么多人前赴后继地走进来。

导读不妨把它看作是一个邀请、一个好客的举动,带我们进入原著的空间,而不是助教,不是训导,不是"原著"这个白胡子老头打算教训弟子之前的开场白或者清清嗓子。

导读也是前人外出探险之后留下来的攻略,不可能事事准确、面面俱到,它邀请你历险,最后写出自己的攻略。

前面说过,我不相信白板——没有单纯的读者。没有导读的读者,他会用从前未经反思的有限阅读经验当导读。如果他自以为此前完全没有受过二手思想的影响,他反而缺乏对自我的反省和批判。

译者前言

接手本书的翻译是一个偶然,师妹董晓蕾因为一些情况,将未完成的翻译工作交到了我的手中。我最早对于鲍德里亚的超真实世界的直观印象大约始于沃卓斯基姐妹的《黑客帝国》这部电影,后来在做一些文化研究时,也陆续地接触到了鲍德里亚的理论思想。无论是消费社会、拟真、拟像,还是超真实以及致命的策略,这些思想火花都令人深思。然而接手本书的翻译任务还是稍有踌躇,唯恐力不能及,因为鲍德里亚无论在思想还是风格上都是复杂多变和令人捉摸不定的。鲍德里亚在不同的思想阶段提出了很多新的思想概念,这些概念在译介到国内时并不统一,甚至有些混乱,这使得译者在翻译本书时遇到了不少障碍,不得不反复思考,既需要力求从译名已被广泛接受的角度,又需要从译名是否符合概念本身的含义的角度来进行取舍衡量。

鲍德里亚可以说是我们时代最有争议性的思想家之一,其作品虽吸引了众多的追随者,却又备受批评。鲍德里亚虽然在学术领域早已声名卓著,但他自身却一直坚持学院边缘化的存在,坚持一个在思想主流之外的边缘理论家的立场,这使得他的写作风格独特怪异,既游戏化又具有挑衅意味,有时甚至故意含混其词。尽管鲍德里亚的思想对后现代主义的影响是毋庸置疑的,他的众多概念诸如"拟真"、"超真实"以及"内爆"等都对后现代思潮产生了深刻的影响,他本人甚至被称为"后现代主义的大祭司",在某种程度上具体体现了后现代主义本身,但鲍德里亚是否可以被划归后现代主义阵营,却是一个有争议的问题,尤其是鲍德里亚本人坚决不认同自己是一个后现代主义者。无论他的思想是否归属于后现代主义,他对西方的形而上学以及现代性都进行了充分的批判,因此被称为"一个比通常所谓的后现代主义者还要激进的学者"[1]。

本书作者是温哥华岛大学的英语系教授,负责过文学理论研究小组以及人文学科的高级研讨会,他的研究兴趣主要是 20 世纪的英语和加拿大文学、文学理论、文学和哲学、后殖民文学和理论,以及数字人文和数字现象等,涉及伍尔芙、贝克特、德里达、本雅明和鲍德里亚等人。本书初版于 2000 年,修订再版于 2009 年,全书介绍了鲍德里亚的主要作品和理论,如物体系、拟真、超真实等,更涉及了鲍德里亚对于恐怖主义、美国与后现代主义的讨论,鲍德里亚与建筑和城市主义的关系。全书结构安排合理,从鲍德里亚的思想萌芽开始探索,以渐进的方式将鲍德里亚思想产生的历史背景以及同时期其他理论与鲍德里亚的思想观念之间的关联进行了有机结合。事实上,作者将鲍德里亚与众多思想家置于一条叙述脉络正是本书写作的一大特色,在每一章中作者还对诸多理论家和概念给予了提纲挈领的说明。除了对鲍德里亚的思想进行了扼要清楚的介绍之外,作者还考察了鲍德里亚对于文学研究、媒介和

---

1 孔明安.鲍德里亚是一个后现代主义者吗?——兼论现代技术与后现代的关系[J].现代哲学,2008(6).

文化研究以及社会学等诸方面所产生的影响，并特别对于诸多批评家对鲍德里亚的批判，以及鲍德里亚文本所特有的表演性的后现代风格的写作策略进行了审视和反思，因此本书并非仅仅是一本入门级的导读书，更是一本颇为全面且具有一定思想和批判深度的学术著作。本书的目标并非只是停留在对鲍德里亚思想的介绍，还在于为读者搭建一座通向其宏富的思想迷宫的桥梁，这点体现在本书最后的进阶阅读书目和丰富的网络资源之上。对于鲍德里亚的研究者和批判者的这些概括性介绍可以使读者由此开始接触鲍德里亚的研究，然后步步深入，从而避免走弯路。在本书"鲍德里亚之后"一章中，作者介绍了鲍德里亚的思想在美学、全球媒体和电影理论、商业研究、文化研究领域中产生的影响以及运用，这些学者包括研究电子图景和全球超级空间的大卫·莫利和凯文·罗宾斯，以及研究超主体和反主体的保罗·罗德伟等。

译稿的完成要感谢重庆大学出版社邹荣编辑针对译稿的修改所提出的意见和他在逐字逐句的审阅过程中所付出的心血。比较遗憾的是因为我未能精通法语，因此翻译本书中引用的鲍氏作品的原文时，未能与法文原本进行参照，而只是参考了相应的英译本和中译本。目前国内已出版的鲍德里亚的著作有《物体系》、《消费社会》、《生产之镜》、《符号政治经济学批判》、《象征交换与死亡》、《冷记忆》等，上述中译本在我的翻译过程中对我帮助良多，在此一并致谢。由于水平有限，谬误难免，译文中一定存在着一些问题，还望学界同仁不吝批评指正。

柏 愔

2016 年 5 月 20 日于南京师范大学

丛书编者前言 [1]

  本丛书提供对影响文学研究和人文学科的主要批判思想家的介绍。当在研究中遇到一个新的名字或概念时,本丛书中的某本可以成为你阅读的首选著作。

  丛书收录的每一本著作都将通过解释一位重要思想家的核心观念,把这些观念置入语境并且——也许,最重要的是——向你展示为什么这位思想家被认为是重要的,来帮助你进入她或他的原始文本。这是一套不需要专门知识的简明、清晰的导读系列。尽管聚焦于特定的人物,本丛书也强调,没有一位批判思想家是在真空中存在的。相反,这样的思想家是从更广泛的智识的、文化的和社会的历史中出现的。最后,这些著作将在你和思想家之间搭建一座桥梁:不是取代原文,而是补充她或他的作品。

  编写和出版这些著作是非常必要的。在 1997 年出版的自传《无题》(*Not Entitled*)中,文学批评家弗兰克·克默德(Frank Kermode)描写了发生在 20 世纪 60 年代的这样一段时间:

---

1 本前言由王立秋(豆瓣 id:Levis)翻译。——编者注

在美丽的夏日草地上,年轻人整夜地躺在一起,从白天的劳顿中恢复过来,聆听着巴厘音乐家的巡回演出。在毛毯和睡袋下,他们懒洋洋地谈论着当时的大师们……他们重复的大多是传闻;因此我在午休时,非常即兴地提议,做一套简短、廉价的丛书,提供对这些人物的权威而易懂的导读。

对"权威而易懂的导读"的需要依然存在。但本丛书反映的却是一个不同于20世纪60年代的世界。随着新的研究的发展,新的思想家出现了,而其他思想家的声誉则盛衰不一。新的方法论和挑战性的观念在艺术和人文学科中传播开来。文学研究不再——倘若它从前如此的话——仅仅是对诗歌、小说和戏剧的研究与评价。它也是对在一切文学文本和对这些文本的阐释中出现的观念、问题和疑难的研究。别的艺术和人文学科也发生了类似的变化。

新的问题也随之出现。在人文学科的这些剧变背后的观念和问题,经常被不以更广泛的语境为参照地呈现出来,或被呈现为你可以简单地"加"在你阅读的文本上的理论。当然,有选择地挑出某些观念,或使用手头现成的东西并没有什么错,而且确实有一些思想家认为事实上我们能做的就是这些。然而,有时人们会忘记,每一个新观念都是出自于某个人的思想的底样及其发展,而研究他们的观念的范围和语境是重要的。与"浮于空中的"理论相反,本丛书贯之始终的是把这些重要思想家和他们的观念放回它们原本的语境中去。

不仅如此,本丛书收录的著作还反映了回归思想家自己的文本和观念的需要。一切对某个观念的阐释,甚至是看起来最为单纯的阐释,也会或隐或现地给出它自己的"有倾向性的陈述

（spin）"。只阅读论述某位思想家的著作，而不读该位思想家的文本，就是不给你自己做决定的机会。有时，使一位重要人物的作品难以进入的，与其说是它的风格或内容，不如说是（读者）不知道从哪里开始的那种感觉。本丛书的目的，就是通过为这些思想家的观念和著作提供一个容易理解的概述，通过引导你从每位思想家自己的文本开始进行进一步的阅读，来给你一个"入口"。用哲学家路德维希·维特根斯坦（1889—1951）的比喻来说，这些书是梯子，是在你爬到下一层楼后要扔掉的东西。因此，它们不仅帮助你进入新的观念，也会通过把你领回理论家自己的文本，并鼓励你发展你自己的有依据的意见，来给你力量。

最后，这些书之所以是必要的，是因为，就像智识的需要已经发生变化那样，全世界的教育系统——通常导读就是在这个语境中被阅读的——也发生了根本的变化。适合20世纪60年代的精英型高等教育系统的东西，不再适合21世纪更大、更广、更多样的高科技教育系统了。这些变化不仅要求新的、与时俱进的导读，也要求新的介绍方法。本丛书的介绍方式，就是着眼于今天的学生而发展出来的。

丛书收录的每本书都有类似的结构。它们一开始的部分，都提供对每位思想家的生平和观念的概述，并解释为什么她或他重要。每本书的核心部分，都讨论了该思想家的核心观念，这些观念的语境、演化和接受（情况）。每本书也都以对该思想家之影响的审视——概述他们的观念如何被其他思想家接纳和阐发——作结。此外，每本书的书末，都附有一个建议和描述进阶阅读书目的部分。这不是一个"附加的"内容，而是全书不可或缺的组成。在这个部分的第一部分，你会发现对书中所涉及思想家的核心著作的简述；此后，是关于最有用的批评著作的信息，有时候也有一些相关网站。这个部分将引导你的阅读,使你能够跟随你的兴趣并发展出你自己的计划。丛书中的注释是按所谓的哈佛系统(在文本中给出作者的姓名和参引著作的出版日期,你可以在书后的参考文献中查到完整的信息)给出的。这种注释方式在极小的空间中提供了大量的信息。丛书也会对技术性术语加以解释,并用方框插入对一些事件或观念的更加细节性的描述。有时,方框也用于强调一些该思想家惯用或新创的术语的定义。这样,方框在某种程度上也起到了术语表的作用,在快速浏览全书时很容易找到它们。

丛书收入的思想家是"批判的",出于三个原因。首先,我们按照涉及批评的主题来考察他们:主要是文学研究或者说英语和文化研究,但也涉及其他依靠对书本、观念、理论和未受质疑的假设进行批判的学科。其次,他们是"批判的",因为研究他们的作品将为你提供一个"工具箱",这个"工具箱"将服务于你自己的有理据的批判的阅读和思考,而这一阅读和思考,将使你成为"批判的"。再次,这些思想家之所以是批判的,因为他们至关重要:他们与观念和问题打交道,这些东西能够颠覆我们对世界、对文本、对那些想当然地接受的一切的常规理解,给我们对我们已经知道的东西一种更加深刻的理解,给我们新的观念。

没有导读能告诉你一切。然而,通过提供一条进入批判思考的道路,本丛书希望让你开始参与这样一种生产性的、建设性的、可能改变你一生的活动。

致　谢

感谢劳特利奇出版社的波利·道森（Polly Dodson）和艾玛·纽金（Emma Nugent）对本书第2版所给予的专业指导和帮助。罗伯特·伊格尔斯顿（Robert Eaglestone）负责了本书第1版的出版，并且对第2版也给予了帮助。多年来我一直很感谢他在编辑方面提供的专业意见。黛博拉·马德森（Deborah Madsen，日内瓦大学）、雪瑞·格莱斯（Sherrill Grace，不列颠哥伦比亚大学），以及我在文学理论研究小组中的联合主任丹尼尔·伯戈因（Daniel Burgoyne，温哥华岛大学），在文学理论各方面的讨论过程中使我获益匪浅。大卫·肯宁汉（David Cunningham）曾邀请我在《激进哲学》（Radical Philosophy）上发表致鲍德里亚的讣文，并且刊登在由我所著的《五十个重要的文学理论家》（Fifty Key Literary Theorists, 2006）一书关于鲍德里亚的短章旁，这一举动也促使我重新评价鲍德里亚的作品。近来我所发表过的有关鲍德里亚以及后现代主义的理论文章同样也对第2版的工作很有助益。在此，我也想对维多利亚大学的史蒂夫·罗斯（Stephen Ross）和埃米尔·迪·洛斯奈（Emile de Rosnay），彼得·施温格（Peter Schwenger，不列颠哥伦比亚大学)(他也在加拿大学院与大学英语教师协会[ACCUTE]主持了"塑造时间"的小组),以及罗伯特·斯泰西(Robert Stacey,渥太华大学)在《回复:读后现代主义评论集》(Re:Reading the Postmodern Symposium)一文中给予的意见表达感谢。我的研究助理贝尔·勒瓦斯卡(Bel Levasseur)和霍利·诺克斯(Holly Knox)也协助我进行了背景知识的研究整理。

为什么是鲍德里亚？

　　鲍德里亚不仅是关于后现代主义这一主题的最著名作者之一，而且从某种角度来说他还具体体现了后现代主义本身。他是作家，也是演说家；他的文本宛如精彩的表演吸引了广大读者和观众。然而同时，他的作品仍然具有高度的争议性，备受尖刻的批判。例如，他本人就被指责为一个批评上的恐怖分子和虚无主义者（即一个根本没有任何信仰的人，也不珍视任何事物），并且还是一个肤浅和不求精确的批评者。然而，即便存在着众多的严厉批评，他仍然受到了众多批判者的青睐和追随，时至今日已出版和发表了诸多关于鲍德里亚或应用其理论的书籍和文章。整个1990年代一直到21世纪，鲍德里亚以法语写成的早期著作被译介到了英语世界。因此，事实上，我们能够很容易地接触到鲍德里亚所有最重要的作品，这也使得鲍德里亚得以被重新评价为一个更"严肃"的思想家和作者（参见 Lane，2007）。

　　鲍德里亚于1929年7月27日出生在法国兰斯，逝于2007年3月6日。他受过良好的传统培养和教育。从1956年一直到1966

2 年,他开始在高中教授社会学,1966 年他在巴黎第十大学(楠泰尔大学)为他的论文《物体系》(*Le Système des objets*)做了答辩。他的早期著作,尤其是偏于文学的文章和评论,主要是在法语世界知名。而 1968 年以后,随着他的论文发表,他的作品开始逐渐为英语世界中研究法国理论的学者所知。1975 年,鲍德里亚远赴国外,执教于加利福尼亚大学(Levin,1996:xi)。然而,鲍德里亚的声名鹊起并非是因为他的早期作品,而是来自他在 1970 年代至 1980 年代用英语在纽约 Semiotext(e)出版社的"外国研究系列"中出版的篇幅短小而颇具挑衅性的一些批评书籍。被最广泛阅读的是 1981 年的《拟真》以及 1978 年的《在沉默的大多数的阴影下:社会的终结》(*In the shadow of the Silent Majorities:or,The End of the Social*),这两本著作均由 Semiotext(e)出版于 1983 年(Baudrillard,1983a,1983b)。如今,西方世界受到了鲍德里亚式的词汇的狂轰滥炸,充斥着诸如"拟真"与"拟像"、"超真实"与"意义的内爆"等。鲍德里亚俨然成了一股不可忽视的力量,但随着他的作品日益游戏化、含混其词和具有挑衅意味,他也变成了越来越捉摸不定和难以解说明白的人。1980 年代至 1990 年代,鲍德里亚在全球旅行并做了很多讲座,将更多的精力投入了"非学术"的领域。他在日后的《美国》和《冷记忆》中,以游戏化的文字记录了这些旅行,而更具"诽谤性"的材料与其他文章则结集出版为《海湾战争没有发生过》。

影响

在鲍德里亚的青少年时期,他和其他法国人经历了当时法国社会以"现代化或垮台"为口号的"莫内计划"(Ardagh,1978:32)。该计划是由法国政治经济学家、"欧盟之父"让·莫内提出的推动法国现代化的政府计划,致力于重建基础工业,以确保"二战"后法国经济的稳定和增长。这一系列计划包括农业（二期计划，1953—1957）和诸如福利、住房和区域建设的更广阔的社会结构（三期计划，1958—1961；四期计划 1962—1965）（Ardagh, 1978：46）。该计划旨在筹划国家的未来可能性，而非为了变成停留在法令之中的一纸空文，换言之，各个产业被鼓励将它们的预测和规划都建基于莫内的政策，但这不是强制性的。在计划启动后，就要落实。这一官方性的与指示性的政府政策之间，或者说是政治性的与结构性的变化之间的分歧，对鲍德里亚一直以来的写作产生了影响。对此，我将在第 1 章有关结构主义的理论的论述中略加涉及。

　　鲍德里亚最初是在让-保罗・萨特的杂志《现代》上发表文章的。萨特（1905—1980）是战后法国最富影响力的哲学家之一，他组织了名为存在主义的运动。存在主义在本质上就是一种关于生命的意义是由人类选择，而非宗教或决定论（即所有的选择已经为我们做好了）所决定的哲学思想。那时，萨特因其对马克思主义的阅读而对整个一代法国思想家产生了巨大的影响（参见 p.3[1]），鲍德里亚本人也对德国社会学和文学深感兴趣，并教授过相关课程。后者使他开始思考如何重读马克思主义，而不必过多地受到"权威的"萨特式的马克思主义的影响。

　　在批评家麦克・甘恩（Mike Gane）和莫尼克・阿诺德（Monique Arnaud）对鲍德里亚的一次采访中，鲍德里亚评价说他对德国文化有着全面的认识（Gane, 1993：21）。他使用了"文化"一词，而不是更具体的"文学"或"哲学"，因为他希望能够表明他所在的立场是一个身处法国知识分子思想主流之外的边缘理论家，而不是受过传统的、体系化的、哲学化的训练（像他的主要理论对手米歇尔・福柯［1926—1984］）。鲍德里亚的成功之路是更为曲折

1　此为原书页码，读者可参照本书的页边码查找，后同。——编者注

的。尽管如此,他还是为了阅读和翻译一些重要的德语作品学习了德语,如德国浪漫主义者和哲学家亚瑟·叔本华(1788—1860)、弗里德里希·尼采(1844—1900)和马丁·海德格尔(1889—1976)的作品(参见 Gane,1993:21)。鲍德里亚的这种学院边缘化的存在与他后期发表的处于主流思潮边缘的作品是并行的。

在 1960 年代,鲍德里亚除了做别的事情之外还翻译了彼得·魏斯(1916—1982)和贝尔托·布莱希特(1898—1956)的戏剧。我们往往低估了魏斯对鲍德里亚的影响。事实上,鲍德里亚翻译了他的四部重要作品:《消失点》(*Pointe du Fuite*, 1964)、《马拉/萨德》(1965)、《指令》(*L' Instruction*, 1966)和《关于越南漫长的解放战争的起因和进程的讨论》(*Discours sur la genèse et le déroulement de la très longue guerre de libération du Vietnam*, 1968)。这些作品都是尖刻的政治评论,兼带一种有破坏性的坚实观点,我们可以把它们视为鲍德里亚用自己的办法书写世界的思想先驱。《马拉/萨德》是一出基于历史事实的戏剧:它描绘了法国革命领袖让·保罗·马拉(Jean Paul Marat,1743—1793)的被谋杀。然而,魏斯赋予了这一戏剧以复杂的转折,因为他的戏剧所呈现的是在夏朗唐避难所对这一谋杀的演出,而这个演出是由曾被囚禁于夏朗唐的萨德侯爵(1740—1814)所"导演"的。该剧本既定位于历史事实,又打乱了历史。戏剧批评家、魏斯作品的编辑罗伯特·考恩(Robert Cohen)曾认为:"这个剧本拥有一个复杂的、迷失方向的结构,并且似乎是要颠覆给予《马拉/萨德》一个稳定意义的尝试,以使该剧具有游戏般的任意性和不可判定性之后现代戏剧的前兆特征"(1998:xiii-xiv)。魏斯的《马拉/萨德》使我们对于政治思想的探索有了一种新的且有趣的形式,这种形式与在戏剧发展和创作的时代弥漫在魏斯思想中的典型的马克思主义是大相径庭的。同样,鲍德里亚也在探寻表现马克思主义分析的不同方式,我们可以把鲍德里亚对这个"荒诞的暴力与过度的纵欲"之作品的翻译与他对另一位法国思想家乔治·巴塔耶(1897—1962)的兴趣相联系。

乔治·巴塔耶在 1920 年代到 1930 年代基于"过度"(excessive)的理论而建构了一种写作的理论,这个理论体系被他称作"异质物"(heterogeneous matter),即浪费、排泄、过度、非逻辑和非理性。换言之,他所关注的是宏大哲学体系所忽视的、作为它们超越日常生活世界努力的一部分的社会领域。起初,巴塔耶的作品被当时法国的主流思想家所排斥,但在 1960 年代以来的法国思潮中,他的价值得到了重新发掘(Butler,1999:4)。想要理解巴塔耶和他作品中的新旨趣所在,就要理解现代法国思想家对黑格尔和马克思主义的局限性所做出的反应(参见第 1 章和第 4 章)。也就是说,我们可以将包括鲍德里亚在内的众多思想家置于一条叙述脉络之中。

关于本书

本书的"关键思想"部分将开始从这一叙述脉络出发,对鲍德里亚思想的萌发进行探索。第 1 章探讨了乔治·巴塔耶的作品不但对试图从那时整个法国的主流"宏大"理论和哲学中脱离出来的法国思想家们有所帮助,而且对鲍德里亚从这些智识辩论中汲取能量来推动自己的思考也助益良多。后面的篇章将探讨鲍德里亚最为人熟知的思想观念,并将根据它们的发展依次安排。我们将首先对鲍德里亚的理论文本进行研究,以衡量贯穿于他作品中的新技术的重要性;然后将是对被广泛提及的"原始"社会的探究,随后是对他早期作品中的马克思主义的作用的简要回顾。后面的章节是关于后现代主义和恐怖主义的部分,考察了诸如"超真实"等核心概念,这些概念已成为广为接受的后现代景观中的流行术语的一部分。虽然本书是以渐进的方式来深入了解鲍德里亚的作品,但读者不妨可以直接跳到一个具体的章节,以获得对某个具体的有疑问的鲍德里亚式的文本或思想的解释。在"关键思想"部分之后,是一个短小的"鲍德里亚之后",它主要探讨了鲍德里亚的理论对于当下批判理论家和文化理论家的重要性与影响。参考书目是以这样的方式安排的,主要包括了鲍德里亚的作品和新技术资源,特别是网络资源。本书的写作目的,不是要通过"告诉读者他说了什么"来代替鲍德里亚的观点,而是力求为鲍德里亚宏富且经常颇具挑战性的作品搭建一座桥梁。鉴于此,本书的最后一部分是"进阶阅读书目",列出了鲍德里亚的著作并一一作了简要介绍。一些有用的二手文献也被列了出来,但强调了它们对辅助研究一手文献时的用途。

关键思想

起源：1960 年代的法国思潮

1968 年，鲍德里亚在伽利玛出版社（Éditions Gallimard）出版了他的第一本著作《物体系》。该书出版的时间恰好是近来法国历史上最为声名远扬的一年，就在这一年，工人和学生发动了大规模的政治抗议。然而鲍德里亚的作品在这时候出版并不令人惊讶，因为他本身就是从当代法国文化和理论环境中生长出来的一位思想家和作家，并且也成为了这其中几个有着重大意义的潮流的组成部分。本章将详细地探究错综复杂的哲学思想脉络对鲍德里亚作品所产生的影响，并对一个生长在思想和政治如此激烈动荡时期的思想家的背景进行勾勒。

黑格尔的影响

除了当时处于主流地位的让-保罗·萨特和存在主义哲学之外，现代法国哲学投入了大量的学术精力来重读德国哲学家格奥

尔格·威廉·弗里德里希·黑格尔(1770—1831)。黑格尔的《精
神现象学》在 1939 至 1941 年被让·伊波利特翻译成法语。紧随其
后的是两部影响重大的著作:让·伊波利特自己的评论《黑格尔
〈精神现象学〉的起源与结构》(1946)和亚历山大·科耶夫在索邦
大学的系列讲座(1933—1939),该系列讲座后来出版为《黑格尔导
读》(首版于 1947 年)。让·伊波利特作品的英文版译者约翰·赫
克曼(John Heckman)认为:

> 尽管战后时期通常被认为是以让-保罗·萨特和莫里斯·
> 梅洛-庞蒂(Maurice Merleau-Ponty)为代表的存在主义的鼎盛
> 时期,但在严格意义的黑格尔的形式上,存在主义胜利的时刻
> 实则也就是其自身死亡的时刻。发表于 1945 年 10 月第一期
> 《现代》的著名宣言,即指明了萨特和梅洛-庞蒂的思想从埃德
> 蒙德·胡塞尔与马丁·海德格尔向黑格尔与马克思的转折。
>
> (Hyppolite,1974:xvi)

伊波利特因其翻译和评论可以说是最有影响力的传播黑格尔的老
师之一;一些最有影响的后结构主义者(参见 p.16),如吉尔·德勒
兹、雅克·德里达、米歇尔·福柯确实曾师从伊波利特。那么,为
什么黑格尔如此重要呢? 因为这对我们理解鲍德里亚起着至关重
要的作用,特别是有人认为,鲍德里亚对马克思的抵抗类似于巴塔
耶早期对黑格尔的抗拒。

　　毋庸置疑,对黑格尔感兴趣的主要原因在于他的哲学理念,尤
其是"辩证法"这一理念对战后法国的主导政治运动之一——马克
思主义产生了重要影响。

辩证法

《牛津哲学辞典》将"辩证法"定义为"能够推动事件向前发展成为解决每个历史时代特有矛盾的先进方法的一种历史动力"(Blackburn,1996:104)。"辩证法"一词源于希腊语,本义是"翻转",它将哲学引向逻辑论证,在这种情况下,两种对立的争论或立场要由一个第三方来解决。这个"第三"论证或立场即成为了一个更进一步的逻辑论证的开始,辩证法就借此一直向前推进。马克思主义将黑格尔的辩证法(或黑格尔对于人类主体构成的辩证式洞悉)和历史唯物主义的见解相结合。换言之,将黑格尔的社会结构理论与经济相联系,以表明社会的演变是如何通过阶级斗争而发展的。

根据马克思主义的观点,辩证法的最终结果并非是黑格尔的"绝对精神"(或哲学),而是共产主义社会的实现。

马克思主义 11

卡尔·马克思(1818—1883)和弗里德里希·恩格斯(1820—1895)于1848年发表了《共产党宣言》,宣言的一开始就宣布说:"至今一切社会的历史都是阶级斗争的历史"(1988:79)。两人合作撰写了一系列重要著作,但正是马克思的《资本论》(前三卷出版于1867年)成为了马克思主义这一政治运动的中流砥柱。马克思主义创立了这样的理论学说:经济是阶级斗争的决定因素,资本主义终需被推翻以解放在工业化国家中处于依附地位的工人阶级。

　　必须强调的是,从黑格尔的辩证法来看,政治与哲学是彼此相交的。我们可以在黑格尔《精神现象学》中最为著名的一个段落之一——"主人/奴隶"部分里探讨这一点。在此,黑格尔关注的是"自我意识",而事实上人类主体只有通过另一个人类主体才能被承认。当"原始"的人类要求无需回馈的承认,强大的个体想要被承认为人,却没有意识到这样一种承认具有普遍性的时候,问题就出现了(Taylor,1989:153)。例如,我们可能会有这样一种人,他需要他者承认他的基本人权,但是这个人却未能将同样的人权授予那些"他者"! 黑格尔认为,在他们发展的最初阶段,这将导致两个人类主体的斗争,并以其中一方的死亡而告终。然而,这里问题出现了:如果斗争并未发生,那么承认对于人类主体来说始终是外在的,存在于另一个人类主体之中。但是随着战斗双方中的其中一方死亡,那么就没有来自那个已经不存在的一方的积极承认。解决这一谜题的方法是什么? 答案似乎是在斗争双方中本来战死的一方屈服,这样使他们保住了生命,但取而代之的是他们失去了自由,沦为奴隶。现在"主人"拥有了一个承认他/她的优越性和身份的臣服对象。查尔斯·泰勒写道:"对主奴的完整关系的理解不得
12　不借助第三个术语——物质实在(material reality)"(1989:154)。换言之,主人消费的环境和物质产品,是奴隶通过艰苦努力而生产的。正如泰勒所说:"主人的生活经验缺乏坚固的现实……事物;而奴隶在生产它们的时候,才是经验了它们的独立性和抵抗性的人"(1989:154)。吊诡的是,这使得"奴隶"处于一种潜在的更高地位,因为主人是通过一个只能从物质事物(material things)中获得承认的人而被承认的。这就变成了一种对于"主人"的间接且空洞的承认,而粗略地说,主人想要被某个具有同等地位的人所承认。主人同时赢了又输了。奴隶通过主人而存在,并且为主人而存在,

因此他拥有一种间接的承认,但他又被死亡的恐惧和无尽工作的规训所构塑(1989:154)。泰勒认为:

> 在短短三页里……黑格尔所分析的是《精神现象学》中最重要的部分之一。这个主题不仅对黑格尔哲学是必要的,而且以另一种变化的形式在马克思主义中获得了长久的生命力。这种根本观点——奴役蕴育了奴隶的最终解放,事实上也是奴隶的普遍解放——显而易见地被保留在马克思主义之中。但是马克思主义关于"劳动"的作用的观念也在此被预示了。
>
> (Talyor,1989:154-155)

对于死亡的恐惧促使奴隶意识到他/她的真正地位,而主人则沉浸在一种被动消费之中;通过劳动而导致的物质实在的转变让奴隶认识到,相较于主人的被动性,他/她可以改变世界。这两者——对死亡的恐惧和世界通过劳动而导致的转变——联系在一起,开启了可以引发奴隶最终解放的真正的自我意识。正如黑格尔所认为的,奴隶正是通过劳动发现了他/她自己的思想,而那种思想可以被用于以他/她所希望的方式来改变世界。

黑格尔的辩证法是一种贪婪的事物:它无所不包且吞噬一切。哲学家马丁·海德格尔(1889—1976)认为,辩证法的辉煌是因为它并不是某种类似于磨坊的东西,可以让我们将我们的智识问题(intellectual problems)投入其中,通过正题、反题、合题的活动(辩证法的个体环节)来解决所有的问题。相反,我们的智识问题是通过或因为辩证法的作用而使问题向我们呈现出来(换种方式表达就是辩证法意味着我们可以首先思考)(Heidegger,1988:112)。可以这么说,它拥有一种领先于并解答所有的智识运动和思想的诡异技

13　能。所以,在主/奴的叙述中,辩证法并没有莫名地以上面的结果而终结或完成。与此相对的是,我们转向了人类存在的下一个阶段,辩证的过程重新开始(我们也可以说,辩证法是永不停息的)。在这里,对于诸如巴塔耶和鲍德里亚这样的思想家而言,更大的问题开始出现了。我们如何在"辩证法"之外思考?如果这一过程永无止境,那么一切都是"内在"于它的。那我们又应当如何反对这一宏大而吞噬一切的哲学体系?或者问题也可能是:如果这一体系是如此的成功,我们为什么还要想去反对它?简要的回答就是诸如巴塔耶和鲍德里亚这样的思想家对于将思想体系整体化是有所质疑的——他们认为这个世界中存在着不能够被归入辩证法以内的经验,并且这种经验以某种方式在竭尽所能地运转、起作用(潜在地),以努力打碎整个体系,就如同大钟里的一个小碎片可以最终摧毁整个结构。

巴塔耶 VS 黑格尔

关于这种对黑格尔的解读,我们可以转而来参看巴塔耶的《耗费的观念》(The Notion of Expenditure)一文,巴塔耶在此文中试图找到一个"打碎"过程。他认为现代社会是功利主义的,有着两条主要的活动脉络:商品的生产与保存和人类生命的繁殖与保护(Bataille,1985:116)。如果要符合这种社会思潮的话,消费必须是谨慎有度的,而非是过度的。然而,巴耶塔认识到消费可以分为两类:用以维持个体生命所需要的最低耗费和"非生产性耗费",对于后者,他给我们举了若干例子:"奢侈、哀悼、战争、宗教膜拜、豪华墓碑的建造、游戏、奇观、艺术、反常性行为(偏离生殖目的的性行为)"。巴塔耶认为,所有这些活动,"目的仅限于自身"(1985:118)。鲍德里亚在1965年所翻译的彼得・魏斯的戏剧《马拉/萨德》就是一个精彩的例子。科恩对这部戏中的舞蹈、哑剧、歌曲、杂技、舞台造型的混乱顺序加以评论,对激烈的革命感染力的表现被荒诞的暴力与过度的性场景所破坏(Cohen,1998:xiv)。事实上,这部作品中的暴力和过度的性场景并非是任意而为的;更确切地说,这与萨德侯爵在18世纪的反启蒙运动有关,即以性欲来取代最高价值的知识与理性。所以,我们对于耗费和"非生产性活动"的观念是,它们可以对抗诸如辩证法那样将体系整体化,因为"浪费性的活动"在僵硬的思想和行为体系中难以恢复。至少"耗费"使我们看到了辩证法的局限性。

14

巴塔耶关于"耗费"的最著名的例子是加拿大西北海岸的土著人所称的夸富宴(potlatch)。这种夸富宴是在青春期、婚礼、葬礼等人生重大变化场合举行的仪式。基本过程包括向参加者赠送大量的礼物。巴塔耶说道:

> 夸富宴排除了所有的交易,一般来说,它由极其重要的珍贵礼物构成,这些礼物是公开展示的,其目的是诋毁对手,使之蒙羞,并对他提出强求。礼物的交换价值来自这一事实:受赠者为了抹除这种羞耻,回应这种挑战,它必须满足(他在受赠时所招致的)强求,从而在将来用一种更有价值的礼物来回应对方,也就是说,用一种利益来归还。
>
> (1985:121)

巴塔耶感兴趣的是,"馈赠"并非是夸富宴的唯一组成部分,一种更强大的行为是对财富的毁坏,这种行为将夸富宴与宗教献祭重新结合在一起,因为在理论上被毁坏的物是敬献给受赠人的神秘祖先的(1985:121)。

显然,这并不是一个实现了非交换的、且因此是反功利主义的,或是一种纯粹损失的理想(这大概会使辩证法的运转停止)的体系。它反而是在功利主义的极限内运转,来回穿梭于经济的与非经济的、理性的与精神的、生产性的与非生产性的之间。因此巴塔耶注意到,财富不是因夸富宴而最终损失的,而实际上是被通胀掉了(在这一意义上就像信用一样);但是这种财富的通胀就宛如夸富宴的一种副作用,并不是真正的物质毁坏的结果,因为这是精神上的获得,而不是物质上的:

> 财富的获得在一定程度上看似是富人权力的获得,但从某种意义上来说,它直接意味着"失去",因为权力的特点就是"失去"。只有通过"失去",荣耀和荣誉才会让人联想到财富。
>
> (1985:122)

15   鲍德里亚认为巴塔耶是一个能够超越黑格尔和马克思的思想家,这种对黑格尔和马克思的反对不是简单意义上的(因为作为一种反题,这样的反对可以被纳入辩证法之中,从而达到一个更高位置,这个位置保存着这一过程中的原初价值),而是在更为激进和创造性的意义上运作于黑格尔式的和/或马克思主义的思想极限中。之后,我们将看到鲍德里亚是如何在《消费社会》中使用了"耗费"或"浪费"(waste;dépense)的概念,以及夸富宴是如何与"象征交换"的观念相联系的。

法国 1968 年五月风暴和越南的影响

对法国思想家中的巴塔耶的关注,标志着对于人类学更为广泛的兴趣。在巴塔耶的"耗费"或"浪费"的概念背后,我们可以发现马塞尔·莫斯(1872—1950)的人类学著作《礼物》。由于对权威的政治思想模式的反抗,法国思想从萨特转向,我们发现了结构主义人类学家克洛德·列维-斯特劳斯(1908—2009)。1958 年,列维-斯特劳斯出版了一本对后世影响深远的著作——《结构人类学》,该书成为了一个迅速壮大的运动的宣言。

结构主义

结构主义是一场聚焦于费尔迪南·德·索绪尔(1857—1913)的理论的思想运动,索绪尔在日内瓦大学所开设的一个系列讲座中提出了一些重要的理论主张,这些内容在其身后出版为《普通语言学教程》(1916;1983 年出版英译本)。索绪尔认为,符号是由能指(声音—图像)与所指(概念)构成的。然而,他的核心观念是,符号并不指涉现实生活中的事物或对象,而且符号(譬如"猫"这个词语)和现实世界中的对象(毛茸茸的家庭小宠物)之间的联系是任意的。这意味着对于我们来说,符号之所以具有功能或作用,是因为它是一个符号**系统**的一部分。这个系统生产或"创造"出意义,并通过差异来产生意义。换言之,"猫"这个符号有意义,是因为在这个我们称为"语言"的系统中,它是和"狗"这个符号有所区别的。要注意的是,我们无需通过讨论毛茸茸的家庭小宠物来思考意义的产生。结构主义者所关注的是符号系统的应用方式。有多种符号系统可供探讨,从广告到文化系统(关于食物的不同的文化方法)。然而,结构主义者通常会超越符号本身的符号学层面去思考这种系统在现实世界的运行方式,涉及诸如意识形态或哲学等问题。而且,结构主义方法也可以用来表示在系统中的一个热点所在,或一种将各种文化产品和理论视为系统的方式。例如法国著名的理论家米歇尔·福柯(1926—1984)的许多早期作品就是结构主义的,尽管作者本人坚决否认这一点。

16

后结构主义

如果说索绪尔确定了思考语言与符号（如，意义是任意的）的一些本源的方法，那么后结构主义思想家德里达、福柯以及拉康考察了这种本源性对于现实世界的影响。德里达研究了对于写作的哲学态度，发出了最受争议的那句论调："文本之外别无他物"；福柯考察了疯癫、禁闭以及性的历史，认为知识与权力之间有着密切关联；拉康则重读了西格蒙德·弗洛伊德（精神分析的开拓者），提出了"镜像阶段"并强调了象征界（the symbolic）的重要性。他们的追随者和一些其他的大陆理论家们被宽泛地称为"后结构主义者"，他们的理论在1980年代随着在高等学府的人文学科中的"理论"兴起脱颖而出。

从莫里斯·亨利（Maurice Henry）在1967年出版的《文学半月刊》（La Quinzaine Littéraire）中所发表的一个漫画素描里，我们可以看到四位主要的结构主义思想家：米歇尔·福柯、雅克·拉康（1901—1981）、克洛德·列维-斯特劳斯和罗兰·巴特（1915—1980）。后两位被视为彻底的结构主义者，而前两位深受结构主义理论的影响，并以"后结构主义者"而著称，因为他们的影响，并且他们在事实上已超越了结构主义。在福柯早期的作品中，他宣扬了与结构主义的这种亲缘关系，尽管后来他坚决否认这一点；而精神分析思想家拉康运用结构主义理论完成了学术研讨班的系列讲座，后出版为《拉康文集》。迪迪埃·爱立本（Didier Eribon）指出，法国从1960年代开始：

　　那些不是完全致力于结构主义的学术领域中的所有评述都对结构主义或多或少有所涉及:结构主义与马克思主义;结构主义与马克思主义的对立;结构主义与存在主义;结构主义与存在主义的对立。有人倡导结构主义;有人反对结构主义;有人试图提出一个综合理论。各个学术领域中的每一个人都各有主张。文化界从未如此喧嚣热闹,热情高涨。

(1991:160)

令文化界如此"喧嚣热闹"的关键问题之一则是"系统"的问题。拉康认为,无意识是像一种语言那样结构的,而结构主义学界普遍认为人类主体是诞生于整个意义系统之中的。这是对自由人本主义观点的逆转,因为该主张认为人类主体具备必要的素质和天赋来产生重大的意义或创造可以映射这种本质性的艺术作品。另一种对于这种观点的理解则涉及传记批评,传记批评经常认为在一系列小说或绘画中所有的意义都可以被追溯到创作作品的作者本人。结构主义的观点认为人类本身就已经是使他们能够创造出各种作品的思想系统的一部分。如果系统先于主体,那么自由人本主义的天才或更为普遍概念的"人"就会被湮灭,正如福柯在《词与物》(1966;1974 年出版英文版)结尾处所说的:"宛如一张画在海边沙滩上的脸"。结构主义者也反对黑格尔的目的论或这样的观念——事物的意义是由它目的或结果来决定的(一个目的论的系统必须一直向前推动)。我们要考虑到事实上,鲍德里亚经历了莫内计划的实施(参见 pp.2-3)——他们要求人们根据一个系统来指导他们的工作生活。法国国民是通过他/她与该计划的关系来界定的,而该计划是凭借它们的目标(现代化或更高的生产力)来获得意义的。值得考虑的是,结构主义者在教室和大讲堂中的争论,事实上与社会变化有着直接的联系,诸如鲍德里亚这样的理论家则应当经历了日常生活中的这些变化所带来的冲击效应。

18 　　鲍德里亚与其他人所理论化的日常生活的一个方面是建筑与城市化之间的关系。由于在 1960 年代早期,鲍德里亚遇见了重要的马克思主义者、社会学家亨利·列斐伏尔(1901—1991),他成为了新建筑理论流派"乌托邦"的奠基人之一。鲍德里亚后来在一个访问中谈到,这个小组在 1966 年始于比利牛斯山的纳瓦朗的列斐伏尔府邸。休伯特·汤卡担任了该小组的杂志主编,其他主要人员来自各个领域,包括社会学(凯瑟琳·科特[Catherine Cot];勒内·罗霍[René Lourau])、建筑学(让·奥贝尔[Jean Aubert];让-保罗·荣格曼[Jean-Paul Jungmann];安东尼·斯汀科[Antoine Stinco])和景观建筑学(伊莎贝尔·奥里戈斯特[Isabelle Auricoste])。那么,成立"乌托邦"的目的是什么呢?鲍德里亚说:"我们在寻找智识重心的切入点之所在,从中有可能延伸出一切学科。因此,我们每个人从自己的观点出发,但最终试图纵览这个时代所有的主题"(2006:14)。换言之,"乌托邦"小组并不只是为了影响法国关于建筑的新思想的各个方面,而是用他们的建筑概念转而影响这些新思想。当让-路易·瓦伦(Jean-Louis Voileau)问鲍德里亚是否存在着一种自觉的意图去更新建筑理论或城市化时,鲍德里亚的回答是肯定的;尽管他强调是亨利·列斐伏尔的思想"滋生"了这个规划,质疑建筑学的欲望以及相关实践。"乌托邦"小组的另一个重要背景,及其所对抗的政治是居伊·德波所领导的被称为情境主义国际的运动,德波和鲍德里亚都是列斐伏尔的学生(参见第 5 章)。情境主义者将现代艺术运动(超现实主义和达达)中的某些奇异方面相结合,在一种"构建的情境"中利用美学与政治的融合去创造出革命性的瞬间(Hussey,2001:140)。这些

"情境"是以城市为基础的,在城市空间中酗酒式的漫游被视为情境主义者经验的关键所在。在《阿姆斯特丹宣言》中,德波把总体都市主义(unitary urbanism)这一情境主义概念界定为那种通过自由游戏、机遇、无政府主义、危险和激情而定义的城市空间(Hussey,2001:152)。显然,这是一个建筑和城市空间的乌托邦式的概念,而且尽管情境主义者从未真正将鲍德里亚视为他们运动的一部分,但两者的联系却是显而易见的。然而,鲍德里亚很谨慎地将"乌托邦"定义为一个复杂的空间和一种概念化的理念;譬如,在现代建筑中将"暂时"理论化为有潜力的、可移动的、可变化的、可伸缩的结构,那些将会变成"我们未来栖居之所的真实"(2006:33),他也迅速指出这种柔性建筑(flexible architecture)的理想特征是基于阶级的,是"耐久性"建筑物的价值和富有阶级所风行的轻薄材质之间辩证关系的一部分。另一方面,现在的工人阶级将注定地且没有选择地要住在暂时性的活动房屋中,即使这些类型的社会建筑物是未来的"集体解决方案"(2006:34)。这种阶级分析的一个很好的案例,是加拿大蒙特利尔的称之为栖居之所的建筑物;这是由莫瑟·萨夫迪为第 67 届世界博览会所设计的,使用了革命性的预先组装过程,整个建筑以蜂巢状或者说是细胞状结构为主。不过,这种建筑是为了大规模建造房屋而提供真正的解决方案,但结果所造出来的建筑造价昂贵,因为很多因素是超出萨夫迪控制的,因此租金赶走了除富有的中产阶级之外的其他人(Safdie,1970)。

19

鲍德里亚为"乌托邦"所撰写的激进的、有时带有试验性质的文本,表明他和其他法国知识分子一样,正在向新的观念和理论表达模式迈进。例如约翰·阿尔达(John Ardagh)曾经提到过米歇尔·福柯的《词与物》的出版在法国社会中并没有引起太多的冲击,因为他试图以"人之死"取代尼采和萨特的美学观点(即著名的

"上帝之死")(1978:549)。正如萨特曾经攻击过列维-斯特劳斯,如今福柯也在挑战萨特,宣称萨特的"《辩证理性批判》(*La critique de la raison dialectique*)是一个 19 世纪的人的伟大但可悲的对 20 世纪设想的努力"(Eribon, 1991:161)。萨特对于文学和文学人物的解读也遭到了攻击,因为人们指责他以政治介入来阐释文学作品。这种文学批评的新方法以及结构主义或后结构主义哲学探究,后来被简称为"理论",它推翻了过分简单化的"介入"的观念。于是,聚集在《如是》杂志(1960—1983)的批评家抛弃了萨特,他们首先是通过重点研究文学,然后再指出"介入"只是在形式上的解读(Ffrench,1995:35)。在此期间,学术争议博人眼球,变成了新闻头条。例如,罗兰·巴特与雷蒙·皮卡尔(一位索邦讲师)之间的论争,本质上就是关于传统文学方法和新理论之间的差异。然而,"理论"本身就不是完全统一的和同质的:理论也有分歧,直到 1960 年代才得以厘清。"文化冲突"在 1968 年从另一角度被重现,并提出了以下问题:

20　　　　无论这突如其来的 1968 年 5 月风暴是否推翻了整个结构
主义的决定论基础(即选择是因为一个系统而预先做出的),
反结构主义者都急切地想要抓住五月风暴作为一个时机来反
驳他们所憎恨的哲学理论。

(Ardagh,1978:550)

1968 年学生运动爆发的时候,鲍德里亚正在楠泰尔执教,而这里正是五月风暴的起点,用麦克·甘恩的话来说,这令鲍德里亚"处在了风暴的核心位置"(Gane, 1993:2)。当时,鲍德里亚从一个结构主义者的视角质疑了马克思主义,这个观点后来被应用在 1968 年所出版的《物体系》中。那么在 1968 年 5 月鲍德里亚是从结构主义的哪一个角度展开质疑的呢？我们能否认为 1968 年的五月风暴是证实了还是驳斥了结构主义的观点，从而为鲍德里亚日后的分析和著作提供了一种可以从此出发并运用的理论模式呢？

越南

如前所述，1968 年鲍德里亚将魏斯的戏剧《关于越南漫长的解放战争的起因和进程的讨论》翻译成法语，英译本的标题较为简短：《关于越南的讨论》(由杰弗里·斯克尔顿[Geoffrey Skelton]于 1970 年翻译成英语)。魏斯的戏剧对越南战争进行了一种强有力的马克思主义的谴责，直接暗示并抨击了美国的参战。与《马拉/萨德》一剧中关于耗费的复杂美学理论不同，魏斯在该剧中暗示了资本主义体系将经济剩余耗费或"浪费"在维护其自身的帝国主义政权。该剧不只谴责了美国对越南的侵略，它还强调了这是第一场真正的"电视"战争。宣传机器通过媒体与批判性的反战观点的散播相博弈。我们将在后面转向鲍德里亚对媒体和 1968 年的五月风暴的评价(参见 pp.22-25)。目前，我们能看到的是魏斯的戏剧体现了激进主义分子，特别是学生激进主义分子所表现的立场，因为越南战争(1959—1973)已经成为一个国际问题。有些评论家认为，这个国际意义上的学生动乱和对权威的拒斥体现了对美国的态度，引发了更多的当地或国内动荡，就如我们在法国所见的那样。另外一些评论家则认为，更为普通的日常琐事才是引发当地动乱的主因。莫里斯·拉金(Maurice Larkin)于 1968 年 11 月在法国学生中所进行的民意调查显示：

56%的学生认为五月风暴在本质上是源于对未来就业的焦虑；35%的学生认为五月风暴应归罪于大学基础建设的不足；仅有12%的学生认为这个运动是对改造社会的努力。

(1991:318)

也许对这个民意调查的另一种阐述涉及在法国社会中用一种理想化、现代化的力量去反对过去的陈旧结构的方式：这点在教育系统中最为明显不过。

教育与革命

符合现代化社会的、姗姗来迟的教育改革于1965年在教育部长克里斯蒂安·富歇的任内汹涌而来。主要的推动力是高中毕业会考(baccalauréat)，它是通往大学和未来就业的学术通行证。对于高中毕业会考的主要批判在于考试科目内容过于僵化，使得考试失败的学生没有获得任何职业培训。富歇是革新高中毕业会考的主要负责人，他剔除了大量的哲学内容，并更新为诸如经济学和社会学这些现代学科(Ardagh,1978:469-470)。然而高中毕业会考制度确保了学生能够进入大学，如果他们通过了会考。不像诸如英国等国家，考试程序有更多的选择性，但这也相应的导致了在本科学生中更为广泛的辍学率。例如，在1967年到1968年，法国的学生人数从56 000人增长到超过500 000人，但是失败率则超过了50%(Larkin, 1991:318-319)。学生的数量可能扩展了，但学院的资源、楼房、资料和新师资却都无法跟上。新的大学被建立了，巴黎大学也设立了一个叫作楠泰尔的校区来接收过多的学生，鲍德里亚从1966年起在那里执教。楠泰尔的环境被描述为荒凉的、非人性化的，是一个"玻璃和钢筋的沙漠"(Ardagh, 1978:501)。政治

激进分子就在那里学习,他们把这里搞得天翻地覆:丹尼尔·科恩-
班迪特是无政府主义者、托洛茨基分子和毛主义小组中被最广为
人知的名字。当 1968 年柏林的右翼分子试图暗杀德国激进主义学
生领袖鲁迪·杜奇克时,学生动乱爆发了。在 5 月 2 日楠泰尔被封
锁之后,楠泰尔的激进分子把他们的活动转移到索邦(Larkin,
1991:320)。学生动乱是否标志着一个对政治革命更大的,或许是
全世界的渴望呢? 这是否抛弃了对于那些组织社会的强大嵌入式
体系的结构主义观念呢? 绝大多数评论家认为以中产阶级学生为
主的学生动乱确实在某种程度上与工人阶级有所交集。但正如科
恩-班迪特在他的"革命暴动"理论中所论述的那样,这种交集是短
暂且无足轻重的(Larkin,1991:321)。换言之,学生动乱会激起或
引发一系列更大规模的政治事件,这本身就意味着学生和工人并
不像报道动乱的电视画面上所展现出来的那么明显的相互配合协
调。这并非说大规模的罢工没有发生,正如拉金指出的,"到了 5
月 20 日,大部分的私人企业也卷入了这场大罢工,而且人数在几
天内就飙升至惊人的一千万"(1991:323)。防暴警察采取了过激
策略,这使得公众动乱的程度加剧。到了 5 月 24 日,暴动和示威游
行不再局限于首都地区,并在法国到处肆虐。确切地说,1968 年的
学生暴动和国家中更普遍的忧虑相一致,如 1967 年的经济萧条和
失业人数的攀升,工会行动在 1968 年达到了高潮。但是工人所要
求的和学生激进活动分子有着很大的不同,后者所要争取的那些
条件,大略说来,是工人永远都不会觉得适用于他们的:更好的教
育条件或更广泛的政治革命。工会希望改善工人们的日常处境,
随着戴高乐重新胜利掌权,在绝大多数的工人返回了工厂之后,6
月的政治反弹也随之到来(Larkin,1991:323-327)。

　　鲍德里亚在 1972 年的《符号政治经济学批判》(1981 年被翻译
为英语)"媒介的挽歌"一章中对五月风暴事件进行了评价。他把

发生在楠泰尔的这种越界的学生运动称作"象征性的"：

> 在一个特定时间、一个特定地点，一个彻底决裂的行为开
> 始了——或者说……一种特定的回应在这里发生了，其中行
> 政体制和教育体制的权力发挥得淋漓尽致，起到了封锁所有
> 回应的作用。

23

(1981:174)

鲍德里亚在此认为大学只是知识的传授机构，并没有为交流意见或不同观点提供内在空间。事实上，对于通向大学录取的高中毕业会考体系的主要关切之一在于它的强度太大，学生要学习的知识材料浩繁，老师主要是单向地传递信息，在教室或其他地方几乎听不到对话的声音，例如，讨论社会事件或体育。然而，鲍德里亚直接指向了大学体制中更为广泛的意识形态问题，这个意识形态问题在于它以一个拒绝任何最基本的回应和交流的符码而作用于1968以前的情境（换言之，就像高中毕业会考，它不是一个问题的结果，这个问题是"内在的"）。楠泰尔所发生的事件是象征性的，原因在于它们打破了这种符码的延续；他们不仅扰乱了学习的系统安排，而且还试图以对话来取代学术的自说自话。"象征性"这一理念类似于巴塔耶的"浪费"或"过剩"那样——耗费的观念力图打破黑格尔辩证法。过激的学生暴动产生了严重的后果：它在对日常社会生活的干预与破坏上意义非凡。"事件"本身就是象征性的，而不是指后来媒体和其他各界力图通过他们的解释来控制的一系列的大规模事件或"结果"。

鲍德里亚问道："在1968年的暴动中媒介扮演了什么样的角色？"他认为无论是把媒介视为压制性的并需要改革（甚至被取而代之），还是把媒介视为通过传播或散播政治信息来助长政治风

暴,这样的观点都是天真的。在他看来,这些观点都是完全错误的。他论述道:

> 1968 年的五月风暴是一个很好的例证。所有的事情都让我们相信在这一时期媒介发挥了颠覆性作用。偏远的电台与报纸将学生运动散播到所有地方。如果学生是引爆器,那么媒介就是共鸣器。此外,统治者完全公开地指责媒介"正在玩革命的游戏"。……我的观点相反,媒介从来没有失去它的责任……发挥社会控制的惯习,它们处于行动的前沿。
>
> (1981:173)

媒体在传播事件信息的过程中的问题何在呢?答案是,本来应当有的"自然节奏"(众多行为的展开过程,如人们作出自己的决定而加入学生之中)被媒介大幅度加速了。媒介只对可以被不断复制的"革命"的独特画面感兴趣;在加速散播和复制这些独特画面时,就让街头运动的复杂性"短路"了,也因之被削弱了。此外,在楠泰尔和街头,鲍德里亚所理想化的沟通模式在媒介中是表面上可行的:但这是一个错觉,因为"它们总是阻止回应,让所有的交流过程成为不可能……除了在拟真回应的各种形式之中,它们自身被整合进一个传递过程"(1981:170;强调为鲍德里亚所加)。换言之,媒介本身是单向度的,或者它的形式就正好类似于学生所反对的那些教育结构。在论述这种单向度的力量时,鲍德里亚没有进行深入的解释,只是顺带说到,在"原始"社会,权力是如何属于那些不被回报的给予者,我们将在下文回到这点(显然,我们可以将权力/知识的交集或经济与福柯的作品相联系)。鲍德里亚是否举出了一个避开这些问题的媒介例子呢?在一段被许多批评家认为是

24

天真的,甚至可能有点荒谬的话中, 鲍德里亚给出了这样的一些
建议:

> 在五月风暴中,真正有革命意义的媒介是那些墙壁和墙
> 上的宣传,那些印刷的海报和手写的布告,在那些街道上,言
> 论宣传萌发了并被相互交换——所有这些都得到了**即时的记
> 录**,发出和反馈、言说与回答在相同的空间和时间运动,有着
> 交互性和敌对性。在这一意义上,街道成了大众媒介的另
> 一种替代且颠覆的形式,因为街道与大众媒介不同,后者是一
> 个对无回应的远程传递系统的客观化支撑物。[1]

(1981:176)

25　因此去尝试接管(或将过程翻转)媒介是徒劳无用的,因为它的形
式仍然一样,这正是鲍德里亚在这里所作的分析。鲍德里亚和巴
塔耶一样对研究极限的边缘颇有兴趣,而这正是可能撼动甚至是
摧毁学院体制之处。在鲍德里亚后来关于后现代主义的著作中,
我们可以看到,尽管极限仍被不断讨论和探寻,但这种乐观主义已
逐渐消失。

　　在运用结构分析的要素和人类学知识去剖析在 1968 年五月
风暴中媒介所扮演的角色时,鲍德里亚认为结构主义者与马克思
主义相对立这个问题失之于简单。鲍德里亚拒绝过分简单化的
"颠覆"政治模式,他在这个过程中也批判了现代传播理论。很多
后来在鲍德里亚作品中出现的问题在这里已初见端倪,如拟真的
观念(参见第 5 章),就是说媒介模拟了观众或参与者的回应(譬如

1　参见《符号政治经济学批判》,第 175 页,夏莹译,南京大学出版社,2009 年。此
　处引文根据本书英译作了修改。——译者注

所谓的公众投票)。我们可以认为,虽然鲍德里亚明显重视打破拟真的一个交际情境,在这种情境下有着与前现代(或"原始")社会相关的象征性交换这样一种回应,但是他也意识到了这种打破的不合时宜性。法国的现代化,在很大程度上是通过一系列的莫内计划进行的,到了 1968 年的时候实际上已经是一个不可逆转的进程。莫内计划本身就预设了成功的拟真:一旦投入公众领域,就要达成现实,符合一个指示性的未来。我们看鲍德里亚的《物体系》就会发现,现代法国的新材料如何会是黑格尔派、存在主义者们和马克思主义者们几乎未能注意到的那些东西。然而,作为一个耕耘在上面所勾勒的知识领域中的思想家和作者,鲍德里亚能够指明那些需要分析的现代生活的领域。因此我们从他 1968 年以来发表的著作中稍加挑选出几个主题,就会发现他在深入思考组合式家具和镜子、古董、小玩意和机器人。也许在此我们可以追溯对于美国的早期兴趣;一个技术统治论的法国知道它从世界上这个最现代的国家要学习的地方太多了,但是法国人也害怕和美国过于紧密,对他们自己的文化有可能造成危害(Ardagh,1978:704)。在下面的章节中我们将探讨技术在鲍德里亚思想中的核心地位。

26 **小 结**

在本章中我们看到了在战后法国黑格尔思想的主导地位是如何催生了马克思主义和存在主义的盛行。黑格尔的译者伊波利特也是一些新兴思想家,如德里达和福柯的老师。他们对以结构主义看待黑格尔体系的不同方式的交叉反应感兴趣。对于这些新兴思想家而言,巴塔耶是一个关键人物,巴塔耶以"非生产性的耗费"和过度行为的理论,旨在反对黑格尔辩证法。鲍德里亚将1968年五月风暴中的学生和工人暴动,视为用来检验马克思主义和结构主义这两种对立理论的事件。他认为在认识现代法国的智识分析之新领域的过程中,这两种理论需要被整合在一起。

2

技术的物体系

鲍德里亚作品的核心观念之一就是他在其出版的第一本著作《物体系》中对于技术所作的分析,而这正是本章之重点所在。本章首先探讨了鲍德里亚有关"速度"、"'模糊'逻辑"、"自动化"的观点,继而研究了"小发明"和"小玩意",思考了技术物(technological object)根据人类的幻想和欲望而被设计的方式。由此,技术就与鲍德里亚的一些关于"象征性"的早期观点相关联,而本章最后以对"超级市场"的新技术空间的构划作结。

技术

技术是构成后现代世界(或精神)的重要组成部分之一。从最早期的科幻小说中,我们可以窥见技术立足于未来,是全新的和与众不同的,并且为一切超现代社会所迷恋。我们以所使用的技术来定义我们的社会,不管是"石器时代"或是"电脑时代",并通常将之勾勒成技术进步的线性发展模型。但是我们也意识到,对于这种进步的叙事很少探查技术的模糊边缘——消费品内在的冗余性,

28　陈旧的医药品和军事技术转卖给发展中国家的方式,技术竞赛所支持(产生)的意识形态战争的方式,从冷战到星球大战(战略防御计划)等。虽然在西方,支持新技术(如新兴的转基因谷物)和拒斥新技术(如生态-抗议者)的双方之间存在分歧,这样一个巨大的、非此即彼的二元分裂很少能逾越这种将技术表现为不是救赎(拯救世界)的,就是世界末日似(摧毁世界)的宏大叙事。有些理论家认为,后现代主义自身就分裂成为支持"软"技术的和"硬"技术的两派:前者或许会转向前现代农业实践,并与当代农作物生产知识进行最佳结合;后者则可能持控制论的观点,认为新电脑技术会实现有机世界和人工世界的融合。所有这些关于技术的观点和理念都令鲍德里亚着迷,尤其是作为当前日常生活一部分的主体经验技术的方式。不用说,鲍德里亚批判了技术的进步论和末日论的宏大叙事,他更偏向于详细勾勒出技术物的影响。在第 4 章中我们将进一步讨论鲍德里亚作品中由生产理念向消费理念的转变,以及这种转变所导致的对于马克思主义的批判。在这一章节中我们将探讨技术物在鲍德里亚作品中所起到的作用,尤其是关于从现代社会向后现代社会的过渡。

现代主义

现代主义是一种始于 20 世纪之交并且深受第一次世界大战(1914—1918)的事件和经历影响而产生的艺术运动。艺术界出现了许多现代主义运动,包括:立体主义、未来主义、漩涡主义、超现实主义和原始主义。这些运动反映了人类存在的方式,以及人们对于工业化、技术型世界的新体验。例如,立体主义打碎或破坏了人类形状,而未来主义则欢庆工业流水线的高速和汽车。在文学中,现代主义者对弗洛伊德的精神分析有着浓厚的兴趣,并尝试以新方法来探究人的内在主体性,如内心独白和意识流。主要作者包括:T.S.艾略特(《荒原》)、詹姆斯·乔伊斯(《尤利西斯》)和弗吉尼亚·伍尔芙(《达洛维夫人》和《到灯塔去》)。

消费社会的出现

29

鲍德里亚对于技术物最为持久的分析出现在《物体系》一书中。但是,把这一分析当作对后现代主义的评论来解读却是错误的。在《物体系》中,鲍德里亚所关注的是在新的现代化或"现代"法国中出现的消费社会。在这一阶段,美国是法国的范本,但是它仍是一个非常遥远的范本,没有后来的那些文本的直接性。此外,鲍德里亚还非常关注其他范本——那些关于生产方面的范本——当时他有待建构出一个条理更为清晰的消费理论。在许多方面,他似乎正试图勾画消费社会的蓝图来超越马克思主义批判,正是在这个勘察过程中,鲍德里亚将会发现用于完成那种批判的工具。

鲍德里亚运用了一种转向自动化的颇为传统的观念,开始着手对现代的、机械的物加以理论化。鲍德里亚审视了古物热,并指出人类主体所缺失的任何东西都会被投注到物上(1997:82)。例如:渴望社会地位的人就可能去买一幢豪华庄园,或至少在豪宅中装饰一件艺术品,如祖先的肖像画,而新主人将会把这些祖先的肖像画假充为他/她自己家庭的所有物。不过,这就有了一个更为复杂的问题:这个物的形式并不需要和它的实用功能相联系。以1950年代的美国大型汽车为例,这些汽车有巨大的"尾翼",这些尾翼看似代表速度,但事实上在牵引力和可以达到的速度上,这些尾翼却起到了阻碍的反作用——这些尾翼的形状只是对空气动力学的一种幻想的象征(如,基于飞机的形状):

> 汽车"尾翼"并非真实速度的标志,而是象征着卓越的、无法衡量的速度。它们暗示着一个奇迹般的自动化、一个恩典。在我们的想象中,这些尾翼推动了汽车,正是由于这些尾翼的

存在,汽车似乎自己在飞行。[1]

(1997:59)

这些"尾翼"所产生的速度是"绝对的",也就是说,这种速度是无法退化成真实的,因为它属于抽象的"超真实"。

30

超真实

　　鲍德里亚认为"拟真"有三个层次:第一层次是对现实的明显复制;第二层次是复制品过于完美以至于消弭了现实与表征的区别;第三层次是没有基于任何一点真实世界而产生出它自身的一种现实的事物。最好的范例或许就是由电脑语言和代码所产生的一个"虚拟现实"的世界。"虚拟现实"是由抽象实体的数学模型所产生的一个世界,它是拟真的第三个层次,在这种情况下,模型先于构建的世界,鲍德里亚称之为"超真实"。

　　"绝对速度"的一个典型案例是现代公路上的"跑车",事实上这种跑车的速度不过与涡轮增压的家庭轿车差不多,甚至更慢。家庭轿车看起来是在这两种汽车中速度慢的那个,那些期冀被视为"生活在快车道"上的人根本不会去购买。这些人所买的是他/她的车辆外形所代表的"绝对速度",而不是在高速公路上或在城市交通拥堵中的实际表现。鲍德里亚这里所要表达的更为广泛意思是,这种在功能上一无用处的汽车尾翼所代表的"奇迹般的自动化"实则起到了严重的反作用,但由于生产商的信誓旦旦,却成为

―――――――――――

1　参见鲍德里亚《物体系》,第59页,林志明译,上海人民出版社,2001年。此处引文根据本书英译作了修改。――译者注

了对于消费者来说的一种必要条件,因为生产商表示有尾翼的产品性能更好(尾翼越大,汽车就越能够实现你的梦想)。自动化作为一种技术的进步而展现在消费者的面前,然而鲍德里亚立刻对此展开了批判,并引用了一个现在看起来令人难以置信的陈旧过时的例子:汽车从手动点火到电子启动的转变。鲍德里亚认为这种转变毫无必要地把汽车这种机器复杂化了,使之必须依赖电池这种外在于机械系统的东西才能驱动,这样更易于失败(例如,电池没电就意味着汽车无法启动),而且只是更为复杂。然而,根据技术进步的宏大叙事,配有起动手柄的汽车是极为可笑且过时落伍的,只属于启斯东电影公司的老电影中的遥远记忆,或者充当博物馆的展品,而电子启动装置则是现代的标志。这种将自动化吹捧成为进步指引的宏大叙事,使真正的功能性服从于功能性的刻板模式(stereotype of functionality)。鲍德里亚这句话的意思是,被抽象的自动化的理想模式——如完美的远程易用性和理想化的速度——规定了机器是如何被制造的,即使这意味着牺牲掉一些其他的改进部分或激进的设计差异。我们可以想到的一个这样的例子是,生产商在英国抵制引进无铅汽油的情况,这属于另一种即将到来的宏大叙事——一个环境和生态保护的叙事。

"模糊"逻辑

鲍德里亚所探讨的发生在技术物中的另一转向是关于"不确定性"或"模糊逻辑",这可以使机器对随机的外界信息作出反应(1997:111)。不确定性的机器是开放性的系统,而不是自动化在抽象的汽车目的论这个例子中所产生的封闭系统。对于这种开放性的系统我们可以举出的一个范例是办公大楼中的温度控制系统,它能根据天气进行自动地调节,而无需内部的人为控制。然

而,这一系统仍然受到抽象的自动化理想模式(大楼独立运行)的
支配,但却可以随着任何改变而改变,这正是鲍德里亚所认为的技
术物给予主体最大愉悦的一面:"对于使用者而言,自动化意味着
一种不可思议的活动缺乏,而它所提供的愉悦,则是在另一个层面
上的,与可以看到别人却不会被看到相似:一种在最为日常生活层
次上所体验的隐秘满足感"(1997:111)。自动化机器自行运行,可
以作出自行判断,这一点使之不可避免地被类比于人类主体,从而
变成一种新的"拟人化"(如同一个人)。早期现代技术关注于更高
效的工具的实用性再生产和封闭技术,诸如办公室和家庭环境,而
新型的拟人技术却与自主意识、抽象力量和身份有关。这似乎是
关于前进的宏大叙事中的一大进步,但是对鲍德里亚而言,实际上
这是另一个停滞不前的时刻。自动化现在以人类主体作为其努力
奋斗要达到的理想,而由于对人类主体的"过分重视"(oversignifi-
cation),人类主体成为了技术物发展中的下一个障碍。

> 就人而言,当人对他的物进行自动化,并使其多功能化,
> 而不是以一个开放动态的方式来尝试组织他的实践,他在某
> 种程度上展现了他自身在一个技术社会的作用:那就是最美
> 丽的万能物以及一个工具物的作用。
>
> (1997:112)

换言之,人类主体不但阻碍了技术物的发展,而且还被展现为在现
代社会中的一个物本身。

功能性

在现代,我们身边的技术物有什么样的功能呢? 它们是否渗

透在我们的日常生活中使我们的生活产生了实质性的区别,还是说这种区别只是一种表面效应、装饰呢?鲍德里亚在《物体系》中宣称,从许多方面来看,是巴洛克真正开创了摩登时代。换言之,技术物并没有实质上的发展,只是一种抽象化(物只是变成了迎合生活方式的附属品),鲍德里亚将其等同于16世纪后期到18世纪初期欧洲流行的建筑的装饰风格。在现代世界,物如今受到想象的控制。因此自动化"打开了一扇通向一个功能性的错觉世界之门,它通向整个一系列的制造物,在其中充斥着无理性的复杂化、对细节的着迷、奇怪的技术性和不必要的形式主义"(1997:113)。这里想说的是,技术物在各层次上作为装饰品存在但并不是说它们没有功能;事实上恰好相反。在技术的巴洛克世界中,一件物因为仅仅在抽象意义上起到作用就符合了其实用性的所有标准。譬如,一台性能更强大的电脑也可以被用来处理一台比较便宜的老旧电脑同样可以处理的简单文字工作。所谓的机器的"性能"是抽象的,因为它并没有真正被测试或以任何有意义的方式被使用。所以我们就不再问:"它做了什么?",而应当问:"它管用吗?"后者可以被称为"超功能性",因为随之而来的其他问题是诸如"它比前一款型号更快吗?"之类,即使运转速度与实际的输出或增益表现并无关联。在"超功能性"中,技术物不是实用性的,而是强迫性的;并非是功利性的,而是功能性的(总是在一种抽象意义上的):物或小玩意不再去服务世界以完成一些有用的任务——它为我们服务:物可以并且应当满足我们的梦想和欲望(1997:114)。对于"空洞的功能主义",鲍德里亚使用了法语中的"machin",本意为"装置"、"某物",《物体系》的译者更巧妙地翻译成了"小玩意儿"(gizmo)(1997:114)。小玩意儿指的是没有任何实际或真正用处的物,而且也没有具体的名字。任何不同的物都可以被称为"小玩意儿"(例如 1980 年代流行的附在汽车后部用以去除静电的塑料条),不需要有任何它们可以实际起作用的真正科学依据。这种语言上的匮乏(或落后于不断生产出新的"小玩意儿"的趋势)或许是一种缺乏概念的体现,在这种情况下,"小玩意儿"的功能变得很神秘。"小玩意儿"是一种制造神话的装置,因为它不是以清楚的逻辑理性而是根据零散的每个用户的个人神话来运转的——例如,有人由于他们自己的精神高度集中,所以相信飞机在飞行中实际上是停留在空中的。在这种零散的秘密和神话意义上,"小玩意儿"比一个宗教圣像——用于表现围绕着一个物来构建一个有秩序的信仰体系——更糟糕。但这是否可以说,小玩意儿是一种质量差的次技术物,比机器低劣?鲍德里亚认为答案并非如此,因为物是在想象中而不是在现实中发挥作用的。在这里我们可以看到真实与超真实之间的差异,不过这种差异还未被完全理论化(详见第 5 章)。"小玩意儿"是根据纯粹的功能性的模型而构建的,通过这个模型构建的一个现实只能是后现代的"超现实"。鲍德里亚认为小玩意儿体现了技术物普及之中的信仰——这种信仰就是:对于每一种需要,都会有一种"小装置"来提供帮助,因而自然本身也变得自动化了。关于鲍德里亚这里的意思,我们可以用某种电动的去除水果核的东西,即人们将之当作一种厨房用的小玩意儿为例加以阐释。我们都买过这种小玩意儿,这种工具宣称自身无比

34 高效,但最后总是在我们的壁橱里积灰,或是一年也只用一两次,因为我们没有空间来放这些小装置,而且用刀去除水果核比这些小装置更高效好用!然而,鲍德里亚的理论观点是:对于"小玩意儿"的普遍使用意味着这样的观念,即自然(水果核和其他东西)变成了需要这些"小玩意儿"对其进行改善的东西。技术总是改进自然的观念暗示了自然本身可以像一个技术装置一样被构建。在自

动化的进程中,人类主体将自身普遍化为一个功能性的存在,可以
通过小玩意儿来获得满足,而小玩意儿则受功能性的梦想的制约,
并因此沦为"人的决定因素中的非理性"(1997:116)。对于前者
的发展,存在着一种抗拒,人们拒绝对主体与技术进行阐释,但是
对于后者——将功能性的梦想加强于技术物或小玩意儿的身
上——几乎没有被理论化。这种对世界的完美功能性的梦想开始
向理想化的完美功能性身体转变。尽管《物体系》中的弗洛伊德思
想部分没有被充分探讨,但是对于鲍德里亚的观念和1990年代兴
起的功能性药物——如百忧解和伟哥——可以做一个有趣的对
比,从这个对比就可以看到鲍德里亚的观念是有先见之明的。

在鲍德里亚看来,很显然,技术物并没有体现出进步的宏大叙
事,相反,技术物被它的拟人化的造形,它与充满人的幻想和欲望
的世界的互相渗透所限制。在此意义上,物是功能失调的,抑制了
"真正的"发展,在其应用方面也受到了限制,并且被纳入到预编程
序的想法之中。但这并不是鲍德里亚将物理论化为功能失调的唯
一方式,他还用了科幻小说中的机器人作为例子,机器人被他归入
"纯粹的小玩意儿领域"(1997:119),这里一直存在一个附带的区
别标志,强调了这样的事实:机器人既是一个完美的技术物,又是
一个机械奴隶。一个达到理想化的机器人是可以做人类主体能够
做的一切事情,包括种族繁衍,以及更进一步说,它会自然地抹去
它是机器人这一首要事实,因为它的拟态能力可以成为第二序列
的拟真(second-order simulation)。换言之,即不能够区分原本和复
本。鲍德里亚认为这种拟真的实现会造成严重的焦虑;而这种焦
虑和菲利普·K.迪克在小说《机器人会梦见电子羊吗?》(Dick,
1993)及其改编电影《银翼杀手》中所巧妙操纵的焦虑是同一类型
的。然而,机器人附带的区别标志——金属外壳的皮肤、"不连续

35

的、一跳一跳的、不像人类的"动作,以及以极高的速度处理数据的能力等——这些再次确保了机器人不能成为人类主体的复制品(Baudrillard,1997:120)。机器人是一种被阉割的奴隶,就技术物而言,它总是被视为完美的成就,但是它总是缺少了人性的实现和具体的主体性。就它的演化来说,机器人因此走入了死胡同,而在鲍德里亚看来,在我们的消费社会中,一切物都在步入这样的境地。

象征性的终结

对于鲍德里亚而言,技术是对生活在一个已经被剥夺了象征维度的世界中的补偿形式。鲍德里亚虽然有时恋恋怀旧,但他意识到了这种思维方式的问题;他认为经由姿态活动到技术物的转移,人类主体与符号仪式行为(包括工作)过程之间的关系在一定程度上相脱离了。过去存在于世界的是人类主体,相反现在是物主宰了这个世界,而人类主体则成为了无所事事的旁观者。更有甚者,世界的复杂性不再出现于象征交换的时刻了——如夸富宴;而是存在于技术物的日常生活中(这些物比人类主体以及他们的社会存在和结构要来得更为复杂)。即使技术物拥有理想化的运作功能,但是技术物是否完全脱离了象征性(the symbolic)?对物的盲目崇拜是怎么回事?当然这也是一种象征性的维度吗?而且鲍德里亚的方式是在本质上依赖于绝对耗费和浪费,这是从欧洲中心主义式的叙事角度来思考原始主义的,鉴于此,当代西方社会的重要标志之一恰恰就是挥霍性的耗费吗?鲍德里亚是如何能够以这些实例来坚持宣称象征性的终结呢?

原始主义

　　原始主义是构成现代主义的一部分的一种艺术运动,但它也是一种更倾向于非"西方"文化的态度。对原始主义感兴趣的艺术家们运用来自于非西方文化,如非洲和美国土著的手工艺品去滋养先锋美学,如在立体主义中运用土著面具。在原始主义看来,土著民族被视为在某种程度上更为接近自然的、天真的、"野蛮的",而且没有受到西方社会的规则和制度的影响。所谓的"原始"民族在现实中经常是高度自治和复杂社会的一部分,有他们自己的宗教、政治和美学形式(如加拿大英属哥伦比亚的第一民族[First Nations])。

　　鲍德里亚在很多地方对现代的拜物教做了分析,但是在《符号政治经济学批判》中能找到最为凝练扼要的表述,在本书中,鲍德里亚批判了马克思主义的商品拜物教的观念(尽管对于生产,他在这个阶段还谈得不多)。鲍德里亚的主题是"拜物教"一词自有它独特的生命:它不是描绘物是如何被赋予了魔力这一过程(如"原始"拜物教),相反使用这个词的人们因非反省式地使用了一种"有魔力的思考"而相应地被显露出来(1981:90)。商品拜物教是其中一种宏大叙事,它在此处被鲍德里亚无情地嘲弄了:由此具体的生产和交换之转变被抽象的劳动关系和随之而来的异化现象所取代。然而,从根本上来说,"拜物教"这一术语被拒斥了,因为自启蒙运动以来它就背负了道德重负:"……是那些殖民主义者、民族学者和传教士们编排谱写的一段充满西方基督教和人文主义意识形态的曲目"(1981:88)。

启蒙运动

　　启蒙主义思想通常用理智或理性来代替神秘主义,并且以批判性分析和重新评价取代了一种认为世界是被社会性地建构之方式的被动接受。18 世纪前期,随着科学方法的兴起,这种方法被用来处理过去由宗教来解决的问题,启蒙运动成了将人们从阶级、宗教和其他压迫形式中解放出来的运动。在当代,后现代主义者拒绝像启蒙运动时期那样过于依赖科学和技术的思考方式,或某种认为科学和技术可以解决世界上的各种问题——譬如饥荒——这样的"宏大叙事"。然而,像尤尔根·哈贝马斯之类的思想家却拒斥后现代主义,因为后现代主义除了强化资本主义并脱离了真实世界中社会关系的问题之外,它未能提供任何答案。

　　换言之,"拜物教"一词不仅仅被用于描述"原始"的文化和实践,而是被用来谴责它们的,特别是用来谴责崇拜"虚假偶像"的观念。虽然鲍德里亚没有提及对"拜物教"的拒斥也是一种为了支持一神论宗教(在主神的地位上对丰富多样的具体形象进行崇拜会潜在地摧毁一神崇拜)的内在的管控问题,但是他却在这个过程中意识到拜物教已经变成了一种对于"有魔力的思考"的隐喻,不管它是"原始的"或是"当代的"(1981:88)。在人类学的分析中,分析家们本身似乎没有意识到一种"逆转现象":"原始"的拜物教包含了部落中对能量转移、捕捉和有效控制的概念。在这里这个过程被称为对"世界的一种'合理化'"(1981:89)。这种"逆转"的发生在于这样的认识,那就是人类学家在他们的伪科学作品中,和他们的研究对象做了同样的事,也包含了所谓"原始社会"中所发现的重要能量。这一批评与维特根斯坦的《对于弗雷泽〈金枝〉的评论》可以相提并论,对此,我们将在第3章进行简要讨论。这种"逆转"可以被进一步运用到"现代工业社会":

> 对于商品拜物教这个概念而言,除了指出一种崇拜交换价值的错误意识之外(或者近来,已成了一种对小玩意儿或物的崇拜,在这种崇拜中,个体崇拜物中所蕴含的人工制造的欲望本能和声望价值),它还能表达出其他的什么呢?
>
> (Baudrillard,1981:89)

也就是说,这个事例不是要说明交换价值就是拜物的,并因此是错误的,而是要揭示使用价值是以这样的异化为基础的;更确切地说,所有的拜物行为都是基于对符号的痴迷。除了将当代社会对消费品或者身体的拜物视为某种有符号价值的东西,整个过程在此还被看作是对价值的清空:

> ……主体陷入到一个伪造的、有区别的、被符码化、系统化的物之中。拜物教所言说的并不是对实体(物或主体)的迷恋,而是**对符码的迷恋**。它通过控制物与主体,使它们成为自身的附属,以抽象化的方式来处理它们。于是对意识形态过程的根本性的阐明,不是发生在那些不同的上层结构中所映射出来的异化意识之中,而是在各个层面的结构符码的普遍化之中。
>
> (1981:92)

如今随着对这些更具技术性的小发明和小玩意的迷恋,以及这些东西本身固有的近乎于飞速的淘汰性(例如个人电脑似乎难以运行"最新的"软件),很多这样的物注定并非是为了实际使用,而是为了快速废弃而被制造的:这些物都是浪费无用的。即便我们去购买最新的"小发明",或者吹嘘它的最新"构造",我们都知道这些小发明的命运是注定的:明天会出现下一个升级更新的款式。我们的消费同时也是一种毁灭,不管我们怎样推迟这个宿命的时刻。(我们也意识到一小群奇怪的人无限地推迟购买他们的小发明,正是因为下一个款型会功能更强大、价格更便宜,就此而言,这些人永远踟蹰在将消费作为浪费和将浪费作为消费的循环圈之外,他们仍存在于奇妙地古老世界里。)这种物品的浪费并不仅只是在个人层面:西方社会最大的"浪费"花费在最新的军事技术上。军事物品的生命长度几乎为零(它们自被生产出来的那一刻就似乎是过时的),但好处在于他们能够在战场上被销毁、被消耗、被用光或被销售到发展中国家。这种西方与非西方国家在军事技术上的巨大差异确实造成了某些问题(可以说战争越来越容易爆发),这就导致了后面的关于后现代主义章节中所说的"超真实"战争(第5章、第6章、第7章)。那么,这些个人或公共的耗费是否具有象征价值(symbolic value)呢?

在《消费社会》(1998b)中,鲍德里亚断言西方世界不仅需要物去构建一种身份,更重要的是它需要去毁灭那些物。因此,媒介的兴趣就从生产英雄转移到消费英雄上去了,或者,正如鲍德里亚所说的,这些过度挥霍的"恐龙"成了流行文化领域的主流。然而,我们还需警惕,道德准则认为过度的、挥霍的消费是"不好的",对环境(而不是经济)有害。"浪费"在此意义上被看作生活在当今的主体的过度的、不理智的行为,对有限的公共资源造成了无法挽回的损害。显然,在《消费社会》里,上述对"浪费"的道德分析遭到了质疑并以一种"社会学式"的分析进行了评述,它暗示着过度消费是普遍的。而对于夸富宴和贵族阶层奢侈耗费的分析而言,鲍德里亚则认为当今社会的功利主义就其普遍性而言需要重新被检视:

> ……浪费,远不是非理性的残渣,它具有积极的意义,在一个更高级的社会功用性中承担了理性的用途——一种社会逻辑,其中浪费最终表现为基本的功能,高度的耗费、奢侈丰盛以及"白花钱"的仪式性的无用性成为了价值生产、差异和意义的所在,不仅表现在个人方面,而且也表现在社会方面。[1]
>
> (1998b:43)

这里的逆转表明,不是处在一个将过度消费视为道德败坏的社会的话,完满的消费就变成了"好事"。为了理解这一意义,鲍德里亚首先提出了这个问题:人类社会是否在根本上是关于生存的,或者意义的产生是从个体的层面还是从集体的层面而来的?他所问的第二个问题是:人类社会主要关注的是保护还是耗费?第一个问题旨在质疑这种关于"原始的"和"高级的"社会的幼稚观念,这对生存来说是很重要的(与之相伴的是从生存到更高层次的这一演进过程的宏大叙事);第二个问题则将我们引向了对于保护或"保存本能"的激进的尼采主义式拒斥,因而反对保护和积累的经济原则(1998b:44)。在尼采的理论中,保存只是权力意志的副作用,鲍德里亚对权力意志中"多余的事物"加以发挥,指出生命中的"基本要素"就是这些超越了道德领域的"生活必需品"的"多余的事物"。

1　参见鲍德里亚《消费社会》,第24页,刘成富等译,南京大学出版社,2000年。此处引文根据本书英译作了修改。——译者注

40 鲍德里亚继而举了两个有关"耗费"和"占有"的例子,对于后者,他首先以苏联郊外别墅或乡间住宅为例加以说明。苏联的工人和行政官员都被提供了各种东西来满足他们所有的需求,这其中包括了一套在工作地附近的公寓,但是郊外别墅还是作为超越日常生活必需品的东西,作为有着声望价值和象征价值的东西而被梦寐以求(1998b:45)。此外,鲍德里亚认为在西方国家,"汽车"有着同样的功能;虽然并没有意识到,但是这个例子巧妙地将"耗费"和"占有"相结合,因为一辆昂贵高档的汽车有着声望价值和象征价值,但是在它被拥有后,它就立刻贬值了(这和古董车或经典老款不是一回事,那些在《物体系》中被理论化为属于收藏品领域),这也是一种挥霍性的耗费。通过超出日常生活必需品来定义一个财产的声望价值和象征价值,鲍德里亚由此为丰盛和浪费建立了结构模型。定义"丰盛"不是指有足够的一些物,而是说太多了,超过了实际使用的水平(1998b:45)。"浪费",不是资本主义制度产生的无用或有害的副产品,相反它应当被这样定义:正是浪费损耗(wastage)挑战了稀有性,并且矛盾性地表明了富裕。在本质上,奠定丰盛的心理、社会以及经济的指导方针不是其使用性,而是浪费损耗(1998b:45)。与为了提高声望地位的夸富宴所产生的象征价值不同,西方的耗费主要是为了刺激大众消费(1998b:46)。

超级市场

亨利·列斐伏尔在《日常生活批判》中攻击了"大众"一词,认为这一概念缺乏对未来的想象力(甚至首先是改变的可能性),同时他也批判了"写作者们"以一种精英的愉悦来理解未来。列斐伏尔问到,在这些写作者中有多少人根据当今世界和日常生活中所应用的科学和技术已经将未来理论化,而且这样一种在美学、知识和权力领域都被剥夺了抽象理想的未来看起来是怎样的？然而，他对此提出了一个警告：

> 但是我们是否反之希望去展望未来，并且形成对未来的初步印象，不过我们要避免这样一个幼稚的错误：那就是以我们的目前状况为基础来建构未来的人的生活，只是简单地赋予他更多的机械工具和装置。 41
>
> （Lefebvre，1991:246）

鲍德里亚的很多作品看起来是在预测未来，徘徊在当前和幻想（有时会是荒谬的）的可能性之间的边缘或分水岭。但是如果我们仔细分析鲍德里亚的作品就会发现他经常只是在简单地描绘（而且当然也是阐释）西方国家中人类行为的最为现代的表现：在根本上，他是一个在他自己的社会中工作的人类学家，意识到需要从质的变化，而不是仅仅从数量上来探查。因此，我们在哪里以及如何购买或消费我们的技术物与这些物的功能同样重要（无论它们是小玩意儿、小发明或机器人）："超级市场"（或郊外购物中心）是一个超越商品的地方，它超越了传统意义上的表征空间和消费空间，甚至超越了符号。在超级市场中，技术物和其他物一样都变成了超级商品（hypercommodities）。

　　鲍德里亚把这种超级市场称为"分诊中心"（triage centers）（1994a:75），也就是说，在这里人们根据预先编排好的类别被测试和分类。超级市场可能被规划在传统的市中心或市中心的商业街或购物区，但这只是一种表象或神话，一种使人们觉得他们在干净安全的环境中获得某种本真经验的方式。现代商业区是中心化的——通俗来讲——在城市共同体的心脏位置。超级市场是离散性的,是一颗对周围郊区产生引力作用的卫星,构成了空间和时间的扭曲,固化成为类同于通勤节奏的新行为模式。将超级市场放置在社会和建筑链的终端——一种生活和消费的新模式的效应——是完全错误的;相反,特别是在美国,正如鲍德里亚所注意到的,超级市场掌控了"大都会区",也就是说,既不是乡村,也不是城市,更不是纯粹的农村和纯粹的都市化的地方。"大都会区"本身是离散性的,是由其模型——超级市场——来规划和预设的。在这一意义上,超级市场并不仅仅是因为它的离散性质而被视为后现代,而是因为它是一个催生了崭新的地理性和实验性空间的模型(参见第5章)。而且如果超级市场是超真实的,这个隐喻是

基于电视屏幕来描述它的:在这个空间穿越的消费者是被"筛选"或被测试的。他们是否会像应该做的那样对这一预置做出反应?超级市场中的物,在这里不只是为了被消费或作为某种其他事物(如丰盛)的标志;而是相反——像鲍德里亚所描述的那样被作为测试的。换言之,消费者带着他们的焦虑和问题来到超级市场,希望在这些物中找到解决之道。这种有意的含混表明了鲍德里亚作为一个人类学家在勾画现代人类行为时所使用的理论方式,但是他真正想表达的却是超级市场是西方社会中有组织性的宗教的一种替代品。这一经验中的"筛选"或"测试"的循环性是来自于这些概念都是基于电视反馈的方式——观众反应和媒介的公投对一系列预设的"问题"做出了回答。对于这种屏幕隐喻我们可以用这样一种观点来予以阐释:即这里的所有事物都只是表象的,它包括某种同时表明人们处于电视屏幕的监控之下的"友善"的监控,由此造成了透视空间的崩塌(使得观者和被观看者之间的空间和时间距离被消弭)。这种阐释是整体性的,涵盖了建筑和地理空间:

　　超级市场不能与周围环绕和滋养它的高速公路分离,也无法与满是汽车的停车场,电脑终端——甚至是与之同轴的环圈——以及作为总体的功能性的活动屏幕的整个城镇相分离。

(1994a:76)

　　在现代工厂中,工人们是被隔离孤立的,被固定在一个位置上,他们所生产的产品被传递到他们的面前;而与在现代工厂中的那些工人们不同,这里的工人们是自由的。他们的时间花费和动机的产生似乎是根据一时的兴致或其他什么未知的因素,在这一意义上,他们的行为现在可以说是游戏的。但是超级市场的模式如今很风行:一切事物都整齐地排放在他们面前,正如他们所需要生产的东西似乎随时都可以获得(电脑终端)。这个模式可能有所变化——从现代工厂和中心化城市转变为后现代的电脑终端和离散型"都会区"——但是这种表面上的自由仍然是有制约性的,它可以提供的选择机会比其最初所表现出来的可能要少得多。

　　城市不再能吸纳新的存在空间——如我们所见,城市已经通过卫星城向大都市区域转化。可以被分类为商业、工作、教育和休闲领域的这些严格划分的功能城市区域,不仅被取代和解辖域化(deterriotrialized)了,而且变得具有不确定性,功能性的边界也变得模糊了。鲍德里亚于是把超级市场以及其他相类似的事物称作"消极的卫星"(negative satellite)(1994a:78)。这种卫星空间的不确定的功能性类似于核电站:这一系列的盒子没有明显的可见功能,但是依然有着输入或输出,如同微处理器中的逻辑门。

43

小　结

技术是后现代主义的一个重要组成部分。在本章中,我们已经了解到鲍德里亚是如何在他 1968 年的最早期作品中分析技术的。然而,《物体系》也预示了他日后关于后现代的著作,探讨了那些包含在他对于法国悄然出现的消费社会的分析中的相关主题。鲍德里亚对于这种状况进行沉思:技术飞速地沦为非功能性的、非实用性的,它不过是为了满足人们的欲望和幻想而设计出来的。自动化主宰了技术物,也暗含着新的关于"模糊"逻辑和不确定性的观点。物变成了表现拜物教和时尚的"小发明"。超级市场成为了技术和消费的新试验空间,日常生活的空间。

原始叙事:"最后一本关于真实的著作"

在鲍德里亚早期更具政治性和"社会学性"的文章中,有很多对"原始"社会的涉及和人类学意义上对土著民(indigenous peoples)的叙述。鲍德里亚的核心理念之一"象征交换"就源自于对所谓的"原始"族群的描述。那么,到底哪些族群才是鲍德里亚所指涉的?他对诸如"夸富宴"一类的人类学术语的运用是否准确?本章将考察鲍德里亚本人的忠告:"提及原始社会无疑是危险的",而事实上这种暗示渗透在鲍德里亚所有作品中的字里行间。

塔萨代族

在《拟像与拟真》(1981,1994a[英译本])一书中,有着两段关于"因曝光而衰落"的叙述深深地吸引了鲍德里亚:塔萨代人和拉美西斯二世。在1971年,菲律宾政府回到了"遗失的部落"塔萨代族的丛林,他们因为和现世界的频繁接触而解体。对此,鲍德里亚做了个类比:拉美西斯二世(他死于公元前1225年,之后被制成木乃伊的埃及法老)历经4000年后,在西方博物馆中腐烂了。鲍德里亚未能说明的是,塔萨代族可能是一场精心设计的骗局的一部分,被用来巧妙地操控真正的土著民和控制土地。无论是塔萨代族还是拉美西斯二世在与西方社会进行了"视觉交流"(visual contact)之后都陨落了,尽管对鲍德里亚来说,我们现在都是在"民族学的光照"下的"活样本"(1994a:8)。将上述这些纳入视野对这个基于生产和不断攫取的社会而言是必要的,我们必须意识到,我们不仅仅要将过去看作是可以相信的,而且要把它与我们现今的成就进行比较(当然,这意味着我们保持着优越的距离感)。鲍德里亚做了另一个类比:"文艺复兴时期的基督徒"被从未学过基督教教义的"美国印第安人"所吸引:

> 于是,在殖民的初期,在逃脱福音书的普遍法则的可能性之前,这一刻是恍惚的、混乱的。人们有两种可能的回应:要么承认这种真理并非是普世的,要么灭绝印第安人来抹去这一证据。

> (1994a:10)

对于土著民的"发现"和"保护"等同于"文化灭绝"(尽管对土著民的流失和衰落的叙述经常是高度令人存疑的,就他们所代表的传奇化和曲解化而言)。这种"文化灭绝"是从文化的"博物馆化"(museumification;鲍德里亚对"木乃伊化"[mummification]所玩的一个文字游戏)或"去博物馆化"而造成的(1994a:10-11)。在前者中,土著的对象/手工艺品从其文化语境中被移除,并在展示中被破坏(它们暴露在当代文化的毁灭之光下);在后者中,把对象/手工艺品放回到原生语境是一种在建构拟真中去重新发现本真性和现实性的努力。塔萨代族并没有被原封不动地放回他们的原生语境;相反,他们被放置在一个相当于纯粹的"主题公园",或"野生动物园",这些地方游人踪迹罕至。无论它与现代世界是如何隔离,它仍是一个人工空间,封闭并且保护了现代观念中的原始人(the primitive)——什么是原始人,它是如何存在,如何发挥其功能。而且我们也可以从迪斯尼的例子中看出,"主题公园"的存在试图隐藏一个现实——那就是"外部"世界也是以同样的秩序来运行的:因而我们现在都成了人类学的研究对象。

这是鲍德里亚在《拟像与拟真》一书中希望我们汲取的一部分教训。但是,在这部作品中似乎缺乏这样一个自我反省式的意识,去认识到土著的"原始"对象/社会的作用在鲍德里亚的作品中应作为一个整体,尤其是涉及这一层面,即许多读者认为鲍德里亚的作品本身也同样作为一个人为空间,间或保护了相对未被理论化的"原始"民族的概念。在这个文本中所呈现的"原始"社会属于不同的历史时期和地理位置;鲍德里亚都没有将它们情境化,并且都抛开了很多更为复杂的问题。鲍德里亚可以运用这些异质社会中的每一个社会来代替西方概念中的"原始社会",但是如果我们把这种运用放置在一个更为广阔的鲍德里亚著作的语境中,我们则必须开始质疑这里所批判的间或对这种过程的复制。关于这种对"原始"民族的使用的另一种思考方式则是去探讨路德维希·维特根斯坦(1889—1951)的《对于弗雷泽〈金枝〉的评论》。维特根斯坦断言弗雷泽"对于原始习俗的阐释远比其本身的含义更为粗陋"(1993:131),而鲍德里亚认为以马克思主义的观点来看待"原始"民族时的情况是相似的,在《拟像与拟真》中,他认为民族学家总是对于他们提出的另外的"感性"建议的最终效应视若无睹。维特根

47

斯坦认为在"原始"仪式习俗中去发现"谬误",并对这些错误百出的方式做出伪科学的解释,从这样一种立场去开始研究的做法是错误的。这一定会导致一种时间的发展或是进步的观念,"展现"(实际上意思是"阐释")了一个民族逐渐走向文明启蒙的过程。相反,一个"原始"体系应该在它自身的权利中被勾画或者运行:

> 这种历史的解释,作为一种发展假设的解释,只不过是收集他们的概要的数据的一种方式。还有一种可能就是在它们的相互关系中来查看数据,并在一个整体概貌下来接受它们,而非将其置于一种关于时间发展的假设形式之中。
>
> （Wittgenstein,1993:131）

按照这篇文章所阐述的观点,鲍德里亚反对为当代社会的各个层面勾画出一个"象征交换"的"概貌"。但是在分析他"原始"民族的概念时,我们有必要弄清楚这个"概貌"。

48　象征交换

与当代社会几乎在所有方面的表现形式相反,象征交换是个人地位的变化,在实际上涉及的是物品地位变化的过程。鲍德里亚认为,礼物是最接近于现代性或者后现代性中的"象征交换"的范例:在赠送的行为中,礼物本身失去了它的"似物性"（objectness）,反而成为了交换关系中的一部分,"这种转让是两个人之间签订的协议"（1981:64）。馈赠物并不涉及经济上的使用价值（礼物本身可以完全是无用的）或交换价值（礼物并不是商品或者是商品生产和流通模式的一种抽象表现方法,参见第 4 章）。然而,馈赠物确实获得了"象征性的交换价值"。鲍德里亚是从何处得出象征交换这个概念的?或者他的宏大叙事是基于何种"原始"社会的?他又为我们举出了哪些具体的事例来阐明他的观点?两个彼此参照互联的主要文本来源是:马塞尔·莫斯的《礼物》(1925;1990[英译本])和乔治·巴塔耶的《耗费的观念》(1933;1985[英译本])。这两个文本都提到了"原始"社会中"夸富宴"这一概念。

巴塔耶的"夸富宴"

巴塔耶从莫斯的书中汲取了"馈赠礼物"的这一特别的线索,并关注到"馈赠礼物"与西方关于"物物交换"的粗浅理论是相对的;换言之,礼物是作为一个独立自足的体系而存在于资本主义之外,而不是对原始人通向文明的奋斗过程——从以物易物的经济发展到货币和信贷的早期形式——所进行的一些幻想性的叙述。巴塔耶指出,

> 莫斯在"夸富宴"这一词语的名义下确定了古老的交换形式,是从来自于美洲西北部的印第安人所提供的一个非常精彩的特例借鉴而来的。类似于印第安人的"夸富宴",或是与他们的痕迹相似的机制,已经被广为发现。[1]

> (1985:121)

这些看似质朴的叙述包含了大量问题,可以有助于我们分析鲍德里亚对"原始"民族概念的使用。首先,"夸富宴"这个实际名字被声称是从莫斯那里暂时借用过来的(他可能会在某个阶段将这个概念归还)。因此,莫斯自身从一开始就卷入了"夸富宴"结构的逻

49

---

[1] 参见《色情、耗费与普遍经济:巴塔耶文选》,第31页,汪民安编,吉林人民出版社,2003年。此处引文根据本书英译作了修改。——译者注

辑之中——我们将在稍后回到这一点。谁把"夸富宴"这个概念贡献给莫斯的呢？答案是"美洲西北部的印第安人"。他们是指哪些人？巴塔耶列举出特林基特人、海达人、钦西安人和夸扣特尔人。和莫斯不同，巴塔耶没有尝试在阿拉斯加和不列颠哥伦比亚的殖民世界（或者美国和加拿大）中对于这些族群进行定位，他也没有尝试对"夸富宴"这个借过来的词语的历史进行溯源。然而，巴塔耶确实对此进行了详细地叙述：

> 这些最不开化的美洲部落是在某个人的处境发生变化的场合——入会仪式、结婚、葬礼甚至其他的演化形式——来进行夸富宴的，它永远无法和一个节日分开；不论从它给节日提供场合，还是它本身发生在节日场合之中。"夸富宴"排除了所有交易，一般来说，它是由极其珍贵的礼物构成的，这些礼物是公开展示的，其目的是羞辱对手，挑衅对方，并且强制对手也这么做。礼物的交换价值源自这一事实：受赠者为了抹除这种羞耻，回应这种挑战，它必须偿还这种债务，随后以一种更有价值的礼物来回应对方，也就是说，带利息归还。[1]

> (1985:121)

巴塔耶接着还讨论了这种引人注目的对财富的摧毁，这是巴塔耶在其关于这种极端行为和犯罪的讨论中极为感兴趣的部分。他还讨论了地位或是"等级"通过财富的丧失和部分的摧毁在"夸富宴"的社会中而产生的方式（1985:122）。因此，当贵重的礼物被赠送或者甚至被毁坏时，赠送者获得了其他形式的声誉威望。除了

1　参见《色情、耗费与普遍经济：巴塔耶文选》，第31页，汪民安编，吉林人民出版社，2003年。此处引文根据本书英译作了修改。——译者注

简单地提及夸扣特尔人的图腾柱,这里对"夸富宴"的叙述已经变成了一个完全可以用来分析当代社会等级制度的概念:

> 正如巴塔耶所认为的,"赠送礼物"本身并不是文明和野蛮之间的区分。相反,是"夸富宴"的终结、财产损失实践的失败,预示了由贵族所主导的社会向由资产阶级所主导的工业社会的转型。
>
> (Bracken,1997:45)

换言之,资产阶级抹去了或是内部化了他们的财富消耗;在公众面前所展示的消费是加以调节并且平均的,失去了它们的功效。更糟糕的是,公开消费财富的义务(或财富的再分配)被否决了,产生了一个小气和虚伪的统治阶级。巴塔耶认为阶级斗争的爆发是对禁止奢侈耗费这一失败的一种直接表征;换言之,阶级斗争维持着过度的社会耗费原则。与举行"夸富宴"的社会不同,资产阶级以他们的同一化、理性化的社会来否认贫富、主奴之间的差异。但是这种同一性不过是一种神话,在日常基础上表现得就像是主人把自己和"奴隶"或是"工人"区分开。换言之,主人和工人都分享一个工作伦理,但后者的目的是为了生存,而前者仅是为了将自己与工人区分开。巴塔耶运用了黑格尔的主奴辩证法的一个相对的精简版本来加以分析,他认为在一个耗费/毁灭的过度展现中,工人条件的改善对于真正做到区分主人和工人而言是一种失败。这只会导致主人的身份及乐趣的削弱,直到在一种冷漠的状态下,整个体系才会在工人波澜壮阔的起义暴动中向前发展。阶级斗争于是可以被解释为在一个"夸富宴"的社会中所有的象征性的砝码交换(symbolic weight of exchange)。也许只有通过对巴塔耶的解读,鲍

50

德里亚在第 1 章（参见 p.23）中所谈到的一段话才可以被重新思考。在"媒介的挽歌"中（《符号政治经济学批判》），我们已经看到鲍德里亚是如何反对"媒介"能够被革新或被革命化的观念，因为媒介已经带有了符号经济的性质，在这样的情境中，这种所谓的"象征"行为很容易被复制：媒介是从一种预先存在的模式出发来构建革命符号。任何真正意义上的传播观念都丧失了，因为这个模式本身就包含了反馈结构，诸如观众、电话民意调查，这些都展现了一种观众互动的表象。在这种表象之下的事实是：任何一个事件的结果都是预先设计的，如一个罢工的"自然"循环导致了一系列可能的革命或是变更，而不会成为一个升级到催生出一种新型社会的罢工。如同在第 1 章（参见 p.24）中所提到的，鲍德里亚对 1968 年五月风暴中的一个"真正的"媒介进行了论证：

> 在五月风暴中，真正有革命意义的媒介是那些墙壁和墙上的宣传，那些印刷的海报和手写的布告，在那些街道上，言论宣传萌发了并被相互交换——所有这些都得到了**即时地**记录，发出和反馈、言说与回答在相同的空间和时间运动，有着交互性和敌对性。

（1981：176）

51

按照巴塔耶对于"夸富宴"，以及阶级斗争是禁止奢侈耗费的当代表征的评论去重读这段话，我们就会发现言说本身在交换的过程中获得了象征砝码。鲍德里亚的这段话并非如批评家史蒂夫·康纳（Steven Connner，1989：50-62）所断言的那样是一次怀旧之旅，而更可以说是对当代社会中的象征交换的全新发现。那些巴黎街头扑天盖地的宣传题词在反抗的现场中包含着一种接近和投入，这在某种程度上可以类比于参与者在"夸富宴"中的接近与投入。但即便用这种类比,我们也必须堪定"夸富宴"一词的来源,并指出这种类比只能通过巴塔耶的"夸富宴"和鲍德里亚的"象征交换"这两个概念的结合来构建。而鲍德里亚的另一个重要理论来源——莫斯的《礼物》——是否能使我们更为细致地勾勒出"夸富宴"这一词语或概念呢?

莫斯的"夸富宴"

在巴塔耶对"夸富宴"做了极简约的描述之后,莫斯给读者提供了一种财富的困窘或是更多的细节。在探究礼物赠送是如何建构了一个整体的服务体系时,莫斯决定用一个词来概括或描述这些"整体服务":

> 我们打算把这种形式称作"夸富宴",进一步来说,美国作家通常称之为"奇努克"(Chinook),这个词开始变成从温哥华到阿拉斯加的白人与印第安人的日常语言。"夸富宴"这个词汇的基本意思是"去喂养"、"去消费"。

> (1990:6)

莫斯在两个脚注中暗示了"夸富宴"这个词汇的不稳定性或不确定性,第一个脚注是在他的序言之中,他写道:

> 对于我们而言,(早期描述)提出的这个词的意义似乎不是其本意。但是事实上博厄斯(Boas)给出了这个词汇(用夸努特语,而不是奇努克语)的解释:喂养者,或者字面的意思是"魔足的场所"。

> (1990:86,fn.13)

52 在后一个脚注中,莫斯指出:

> 在这个术语的使用背后,西北部语言中似乎没有任何一
> 个术语或理念能够像基于奇努克语的英-印"皮钦语"那样给
> 予其精确描述。

(1990:122,fn.209)

当这个词语本身也具有高度可疑性、不稳定性和不确定性之时,鲍
德里亚凭借巴塔耶和莫斯的理论,把这个术语看作西方社会之当
代表征的绝对他者。在《夸富宴研究文集》(1997)里,克里斯·布
拉肯(Chris Bracken)对于这种不确定性进行了巧妙地溯源,他认为
是威廉·斯普拉格(William Spragge)最早于1873年在加拿大使用了
这个词语,它源自于依沙瑞尔·伍德·鲍威尔(Israel Wood Powell)
这个不列颠哥伦比亚省维多利亚(市)的"印度总管"为1872年所
写的报告。问题在于这个词在最初的时候描述的是什么? 这个词
语是否意味着纯粹的礼物赠送,而实际上却是一种对财富的摧毁,
因为在这里没有报答;还是说这个词语描述了一种交换经济,即礼
物在后来是要偿还的? 布拉肯指出:

> 在关于"印第安事务"的话语中,命名它们的困难性给判
> 断这种实践本身是否包含着礼物赠送或交换增加了困难。尽
> 管鲍威尔在1872年就把它们称为"波特拉奇"(Patlatches),但
> 当它在官方中被反复使用的时候,一种不确定性却一直困扰
> 着该词本身。

(1997:36-37)

莫斯借用了"夸富宴"这个词语,但即使是莫斯,也和加拿大政府
(这个词语就是从它这里借用的)一样不能够确定。莫斯称"夸富
宴"这个词是精准的(1990:122),然而实际上,这个本土语词似乎
是描述"夸富宴"这些方面的特性:"大量的、变化的、具体的",更糟
糕的是,它在意义上是"有所重叠的"(1990:123)。莫斯试图在受
欧洲影响的语言——基于"奇努克语的英-印'皮钦语'"(1990:
122)——与本土语言或"古老的术语"(1990:123)之间建立一种二
元对立的关系。这种二元对立沿着欧洲语言(=概念准确与概念
性)和本土语言(=概念不确定或模糊与"具体")的分界线发挥作
用。换言之,欧洲语言可以理论化和哲学化,而本土语言直接反映
了具体对象或事物的命名,或包括这些对象和事物的过程。一种 53
贸易语言——皮钦"奇努克语"——在概念上变得比一种土著语言
更为先进。莫斯认为这是一个概念词语,就夸富宴的抽象处理过
程方面而言,它比这个抽象化所部分来源的文化和语言要更为准
确,并以此巧妙地回避了他对于"夸富宴"一词不确定性的担忧。
所幸整个殖民干预与占有的历史没有提及"夸富宴",即使这个词
语本身是源自一个殖民国家的经济和政治关切。

危险的原始主义叙事

在《符号政治经济学批判》的第 1 章,鲍德里亚提出了警
告——这个警告是针对公众还是针对他自己的并不明确——但是
这个警告是明确的:"提及原始社会无疑是危险的"(1981:30)。这
一警告出现在鲍德里亚的早期作品中,而随着后来他大量提及"原
始"社会,这一警告似乎被忽略了。鉴于鲍德里亚屡次违反该警
告,我们该如何阐释这一警告? 他是否简单地判定他过去的看法
是错误的? 这个警告究竟意味着什么? 危险到底具体在哪里? 危

险是否在于对所谓的"原始社会"错误或歪曲地使用？或者说这危险是否还有着更深广的内涵，暗指对于"原始社会"一词的使用将最终动摇西方思潮的分类？在提出警告后，鲍德里亚立刻投入到对"原初"的商品消费以及这种消费并非是为了满足需求，而是出自于"文化限制"的方式的分析中(1981:30)。换言之，整个消费过程就是一种标示和强化社会等级的制度。除了对于原初消费这一概念持有怀疑态度，鲍德里亚开始描述"原始"行为以将他对于这些概念的使用情景化。他提到了特罗布里恩岛民和他们对物品类别的流通与"消费"之间的区分——分别称之为"库拉"(Kula)和"货物贸易"(Gimwali)。"库拉"是一种象征交换，而"货物贸易"是一种商品交换。鲍德里亚认为，象征交换和商品交换的这种区

54   别在当代社会几乎已经消失了，后者占据了绝对的主导位置，但前者仍然存在，因为：

> 在购买、市场、私有财产这一切上层建筑的背后是社会的
> 给付机制，我们应当在对物品选择、积累、操控和消费时认识
> 到这种机制。
>
> (1981:30)

一种"物的社会学理论"因此将基于库拉/夸富宴的原则，并以象征性交换价值取代使用价值。在这一部分中，鲍德里亚确实提到了"原始"社会——为我们分析了特罗布里恩岛民的基本结构，他两次使用了"夸富宴"这个词语：一次是在《象征交换："库拉"和"夸富宴"》中，另一次是在《夸富宴》中。这种未带任何说明的对"夸富宴"的引用可能是要以读者阅读了人类学家布罗尼斯拉夫·马林诺夫斯基(1884—1942)和马塞尔·莫斯有关特罗布里恩岛民的

作品为前提的(鲍德里亚没有在书中明确引用过马林诺夫斯基)。
在这种情况下,正如莫斯所认为的,"库拉"与"夸富宴"并没有本质
上的不同:"库拉是一次盛大的夸富宴"(1990:21)。但是,如果读
者知道这一点,并且也同意这点或这种归并(别忘了"夸富宴"是一
个精确的概念而不是一个具体"命名"的词语),那么为什么鲍德里
亚觉得有必要首先将作为词语的"库拉"和"夸富宴"区分开呢? 或
许鲍德里亚提及夸富宴是危险的,这是因为它不仅仅表示了一个
他将用于批判马克思主义的概念,而是预示了他的提及本身展现
了一个潜藏在夸富宴之下或幕后的更为复杂的、不稳定的世界。
布拉肯认为,早期使用"夸富宴"的时候,这一词语本身就是放在引
号和括号之中的,这种用法暗示了,"如果不谨慎的话,此处'夸富
宴'这个词语本身就是一个需要解决的问题,而不是指示一个事
件"(1997:39)。更进一步而言,"在温哥华岛西海岸……"所发现
的,"并不是一个需要被讨论的词语,而是西方文明希望首先从其
自身排除出去的一种实践:非生产性耗费的实践"(1997:39)。鲍
德里亚似乎在说,把"库拉"和"夸富宴"混为一谈是危险的,因为它
们被抽象出来的概念力量正是存在于它们作为交换活动的特殊性
之中;然而正是将二者归并,并因之去除了它们的特异性,才将它
们激活为可以被西方读者或理论家思考的概念。"夸富宴"因此在
鲍德里亚的早期作品中是起着解构功能的一个术语,或是他用来
向西方哲学思想体系提出质疑的某个东西。在这一时期,解构的
任务必然压倒了(虽然存在一定问题)他对非西方社会和其他概念
使用的准确性。但这种情况是否贯穿鲍德里亚的作品?"夸富宴"
是否只是作为一个解构的词语?

55

　　"解构"这一术语主要归因于它最为知名的提倡者,雅克·德里达(1930—2004),他以早期的三部著作而声名卓著,这三本书都是在 1967 年以法语出版的:《声音与现象》(1973)、《论文字学》(1976)和《书写与差异》(1978)。然而,"解构"一词的最初使用可以追溯到哲学家马丁·海德格尔(1889—1976)的相关著作,他在最主要的作品《存在与时间》中探讨了一个关于"关键的拆解"(critical dismantling)的概念,它与后来更为广泛使用的"解构"一词很接近。

　　德里达使用了大量的哲学工具来达到对于"形而上学"(探究宏观概念的哲学,如对"真相"和"存在"的阐释)局限性的研究。德里达探讨了"形而上学"中具有奠基性的二元对立,并且认为每一个二元对立中被排除的那一面实际上始终都包含在"形而上学"范畴之中。因此,"形而上学"的论点必须包含这一盲点或"难点",在这种盲点或难点之中,某种被排除的二元形式无法通过这些相同的论点进行解释或看清。解构性的工具就是从这些无法解释的二元形式中产生的,它们包括新词(neologism)或新词语和新短语,可以从内部来探究形而上学的理性。例如,德里达认为"增补"一词——既可以是一种增加,也可以是一种替代——就通过一种解构性的逻辑发挥作用。哲学家们认为,若不是造成破坏,书写对于原初言说而言是不必要的(一种替代),然而它也是一种增补——也就是说,需要使原初言说更完满(一种增加)。换言之,形而上学中具有奠基性的二元对立之一,即言说先于书写,或者"活"的声音先于"死"的文字,因为这种作为解构的工具的增补功能而受到了质疑。

文学和文化思想家们创立了一个名为解构的批评方法,吸收了一些德里达的关键思想和术语,但并没有深化"引入"这些术语中的哲学内容和目的。尽管这会导致对德里达理论规划的一种拙劣模仿,但这样一种非哲学的方法可以说成为了理解解构的最为流行和最广泛的方式。这种流行的方式实际上是按照字面的意思来理解"拆解",把解构作为突破压迫体系的主要途径,然后再以一套新的价值观来重建体系。显然,如果只是作为一个更大的理论论争或过程的第一步,借此恢复一种哲学上的严谨,那么这种方法对于其他类型的批评(如女性主义和后殖民主义)而言是有益的。这会产生含有解构成分要素的批评的混合形式。如今流行的解构侧重于建立在二元对立(如好/坏,男/女)基础上的等级制度,其目的通常是要颠覆这种制度。一些批评家认为这种颠覆只是一种暂时的、策略性的步骤,并没有让我们真正走出形而上学,因为等级制度仅仅只是被重组(等级制度仍然存在)。其他人认为这种逆转更激进、更解放,超越了封闭的正规体系。尽管解构在很大程度上被文学和文化理论的大背景所吸收,或者干脆直接被拒斥(在1980年代激进理论的争论已经达到了顶峰),但解构所提出的哲学和批判问题至今仍然具有价值且令人关注。

在《象征交换与死亡》一书中,从一种后殖民的角度来看,"原始主义"的叙事呈现了一种"倒退"的形式:非西方的民族都成为了未指明的"野蛮人"。该书第五章的开头就一言以蔽之地阐述道(这个理论观点的一部分实际上还在建构之中,也没有被赋予任何文化特殊性)："一旦野蛮人开始仅仅把自己部落中的成员称为'人'时，'人类'的定义就立刻得到了很大程度的扩展"(1998a:125)。

57 **后殖民主义**

> 后殖民主义是一个被广泛使用的术语，用来理论化殖民主义在现代世界对人民造成的持续影响。例如：不列颠哥伦比亚省第一民族正通过与省政府和加拿大政府谈判而获得合理仲裁条约。也就是说，英国结束对加拿大的殖民之后的许多年，它仍在影响土著民的生活。吉尔伯特(Gilbert)和汤普金斯(Tompkins)认为后殖民主义是"对殖民主义中的话语、权力结构、社会等级制度的一种交锋和争论"(1996:2)。后殖民主义研究的学术领域非常广泛，包括文化研究、文学和社会学等。

　　鲍德里亚使用了西方话语中的"原始主义"，即通称的"野蛮人"生活在通称的"部落"中，一般认为他们是完全存在于西方世界之外的，尽管在现实中，他们只是生活在西方的精神之中。在概念性材料中，这种类别存在(generic existence)的状况是有问题的，维特根斯坦在《对于弗雷泽〈金枝〉的评论》中对此进行了简洁地说明。维特根斯坦认为，"弗雷泽比他所谈到的野蛮人更加野蛮，因为至少他们并不会像20世纪的英国人那样远离对精神之物的理解"(1993:131)。虽然这是对弗雷泽及其对"大他者"理解的一种明确的批评，但是问题还在于对文明/野蛮这组二元对立的颠覆。维特根斯坦说弗雷泽比"野蛮人"更"野蛮"，也只是为了颠覆这种二元对立，并且同时继续保留它的价值。换言之，非-西方文化可能拥有复杂的社会形态，维特根斯坦认为诸如弗雷泽这样的人是不能把握其复杂性的,它们在根本上仍然是不如西方文明的社会。
"野蛮人"和"野蛮"这两个词的并列使用也削弱了维特根斯坦试
图阐明的颠覆性;弗雷泽的"野蛮"一词的性质必然污染了名词"野
蛮人"的通称用法。这点在涉及鲍德里亚使用原始主义叙事时是
非常重要的:如果他一直将"野蛮人"表现为相对于西方的一个绝
对的"大他者",那么他仅仅只是进行了一个价值的颠覆。另一方
面,如果他能够证明诸如"野蛮"、"原始"或"夸富宴"这些概念是
"难点"——阐明西方思想中根本性预设的盲点——那么,他的原
始主义话语在某种意义上就是解构性的。但是这种原始主义话语
也可能会解构鲍德里亚的作品,就如同他对"非象征性"所做的同
样的事情。

鲍德里亚在《象征交换与死亡》中的"政治经济学与死亡"一
章里对原本意义非常局限的"原始人"(primitives)用以下一些叙述
进行了进一步阐释:入会仪式,乱伦禁忌与食人。总体而言,《象征
交换与死亡》所阐释的是在当代社会中,象征被符号所取代的方
式。当代社会把一切物转化为商品,于是就类似于符号一样的无
限循环;因此,物失去了它们原有的"内在价值",以及在"夸富宴"
这样的过程中所获得的价值类型,比如收到一条手工织毯的礼物
所获得的价值。《象征交换与死亡》一书也宣称:死亡的概念如今
是"外在"于社会的,是被否认、被抹杀、被抑制的,已不再是社会信
念的内在组成部分。雷克斯·巴特勒(Rex Butler)认为,在许多方
面,这本书"在某种程度上,是西方社会中关于死亡地带的历史和
社会学"(1999:98):

> 从"生产的终结"(SE [*Symbolic Exchange*], 6-50)一章里的
> 现代工业进程中隐含的死亡时间或劳动力;"身体,或符号的

坟墓"（*SE*,101-124）一章里的健康和健身的新体制中所要求的自我惩罚和规训；到"政治经济学与死亡"（*SE*,125-195）一章里的殡仪馆或养老院中对死亡的实际抑制或隐藏。

（Butler,1999:98）

鲍德里亚是如何使用"原始人"（primitives）这一概念来推进他的论述的？换言之，他对"原始人"的借鉴何以证明存在着先于符号性的一种事态？鲍德里亚认为，对于"原始人"来说，死亡是一种社会关系，但悖论的是，正因为意识到了死亡形式并以此来运作，对于这样的民族来说，死亡更多的是一种物质性的事实（material fact）。相反，西方社会把死亡看作是一种生物学的事实或物质性（materiality），由此死人与"活人"完全分离："死人"便不再存在了。鲍德里亚认为，秘传仪式就是这样一种将死亡作为社会关系的表达。在基督教社会，主体由于受到洗礼仪式的强化有着必死的命运；而在"原始"社会，出生并不意味着带来社会化，而是需要仪式性的补充。在后者的情况中，秘传仪式就是这样的一种象征的出生/死亡：

> 重要的时刻是当大祭司杀死那些接受秘传者的时刻，使后者被祖先吞下，然后土地又生出他们，就如同他们的母亲生出他们。在被"杀死"之后，这些秘传者们就被交到了指导、照顾、培养他们的启蒙的、"文化上的"父母手中（这就是"秘传"意义上的诞生）。[1]

（1998a:131-132）

---

[1]　参见《象征交换与死亡》，第204页，车槿山译，译林出版社,2006年。此处引文根据本书英译作了修改。——译者注

一种物质上的、不可逆的死亡被一种馈赠与接受的死亡所替代。　59
死亡,和出生一样成了一种礼物,不再是单一文化的有限生命的
"出生",而是有多种意义的"给予出生"或"给予死亡"。秘传仪式
被理论化为一种通过象征交换而产生的出生/死亡的双重叠加,它
不是为了"超越"或者"抹杀"死亡,而是为了取消生死之间的界限
以及消除当代社会用以冲淡死亡的分裂和分离。鲍德里亚认为西
方社会是通过一系列分离性的符码来运行的,而"真实"是由"两项
之间分裂的结构效果"所产生的(1998a:133)。这与社会结构自身
所凭借的二元对立有着更为密切的关联,在这种社会结构中,根据
普遍的意识形态,二元对立中的其中一方会处于优先地位,譬如:
男人/女人、白人/黑人等。鲍德里亚认为,象征并没有考虑这种二
元式的分裂的作用。这是因为鲍德里亚认为象征不是一种结构,
而是一种可以在社会中治愈分裂的行为或过程。问题在于,这也
导致了对"原始"民族完全接近自然的生活的那些理想化和浪漫化
的描述。尽管鲍德里亚没有使用这些意象本身,但他论点的逻辑
还是会不可避免地朝这个方向走。

那么,鲍德里亚在他对秘传仪式、乱伦禁忌和食人的讨论中所
提到的"原始"民族在哪里呢? 鲍德里亚作品中谈到了诸如莫里
斯·利恩哈特、让·德·列维和马塞尔·莫斯这些作者的人类学
纪事,这些描述混合在一起使读者获得了一种抽象的"野蛮人"或
"原始人"的概念。例如,对食人的讨论将这个行为不是设定发生
在古代,而是发生在当一支天主教徒的橄榄球队所乘的飞机在安
第斯山脉撞毁的时候(1998a:137)。鲍德里亚表明的观点是,食人
就其本身是一个象征行为,而不是某种屈服于犯罪欲望的野蛮行
为;就像吞食行为是交换的标识,而不是对"生命力"的一种消耗,
因为它创造了一种与死人之间的相互尊重的关系,这些死人是受
人尊敬的。此外,在这个记述中重要的是,对于这种吞食行为的定

位:"众所周知,无论如何,他们不是随便吃什么人"(1998a:138)。对于句子中的"他们","我们"并没有得到更多的信息,但同时"我们"获得了关于"他们"的知识。按逻辑来说,"他们"是食人族,是这部分的主题,但这里给我们设定的唯一的食人族却只不过是一支全是天主教徒的橄榄球队!"原始人"="食人族"="他们"的顺序被打破和交错,这样一来,我们得到的是"原始人"="食人族"="天主教橄榄球队"。这种交错似乎在暗示绝对的"大他者"历来都是相同的,而这相同的事物一直就是绝对的"大他者"。换言之,鲍德里亚一直尝试以某种来自于西方社会自身的概念和意识形态框架下的东西来反对西方社会。在回答问题"原始民族在哪里?"时,答案必然是"他们已经消失了,或者他们原本就没存在过"。这就是为什么鲍德里亚始终不断提及的"原始"社会必须一直被仔细地核查,始终要警惕:当他声称开始观察"原始"社会的时候,他经常只是在阐明关于"大他者"的西方神话和结构。尽管鲍德里亚宣称他所探讨的东西是与西方完全不同的,但是他对"原始"社会的观点却是完全基于西方的。

　　批评家们论及《象征交换与死亡》时,认为该著作是鲍德里亚最后一本"真实"的书,事实上,随之产生的一切事物都遭到了一种"永远的误解"(Gane,1993:189)。在他的《让·鲍德里亚:保卫真实》一书的序言中,巴特勒详细讨论了这点,指出《象征交换与死亡》被认为是:

　　　　鲍德里亚所写的最后一本富有洞察力的、经验性的、科学性的书。这是最后一本根据他的学科来撰写的书,这本书可以在一个传统课程和社会学课上教授。死亡……是一个真正的对象,在被书写出来之前就已经存在于世间。这个话题是值得探讨的,关于此的一个历史可以被建构,这不仅是鲍德里

亚自己构想出来的。自此之后,鲍德里亚作品变得虚构、充满
创造力以及"荒诞玄学"了。

(1999:5)

麦克·甘恩指出,在《象征交换与死亡》中鲍德里亚以"更为规范的
术语"来表达他的观点(1993,xiii)。虽然这些无疑是真的,但阅读
到鲍德里亚在这里所说的"原始主义"却破坏了这种概念:《象征交
换与死亡》中所陈述的是"富有洞察力的、经验性的、科学性的"材
料。要讨论其前期被认为是"社会学"的作品与后期"述行"(per-
formative)的书写之间的认知差异,对其中关于"真理"的内容进行
简单地比较即可。《致命的策略》(1983 年首次出版;1990b[翻译
版])里包含了一系列有关"原始人"和"夸富宴"(或"potlach")的
论述,例如:"原始人"分享一个"从根本上口是心非"的原则,这个
原则使他们既肯定又否定他们的神灵:"他们创造了神灵只是为了 61
将他们置于死亡,并且以这种间断性的献祭方式来吸取他们的能
量"(1990b:77)。鲍德里亚为这种去中心的动力(decentring drive)
举了一个例子——阿兹特克人——然后把"口是心非"作为一种策
略性的、重大的行为与巴塔耶相联系,这种行为与"游戏"相类似,
并证明了这是某种与巴塔耶所理论化的"夸富宴和耗费"这些越界
出格的行为有所不同的行为(1990b:53)。"原始人"被描写成接受
了宿命论的重负和一个有序的世界:"原始人曾经相信这样一个世
界,一个有着无所不能的思想和意志,却没有任何一丝机会的世
界,但他们确实生活在魔法和残忍之中"(1990b:148)。这里句子
中所使用的"过去式"意味着这样普遍的世界观或许在过去曾经是
如此,但已不复存在了。"原始人"在此遭到了双重非难,因为他们
没有文化或历史特性,仅存在于过去之中。但是这种"原始人"的
拟像在本质上和早期的"经验性"研究中所发现的是相同的;事实

上,在早期的著作中就没有找到对于"原始人"的详细叙述,只是拟像更为明显。换言之,贯穿于鲍德里亚作品中所用到的"夸富宴"实际上就是在使用"伪夸富宴"(potlack)——一种"原始主义"的拟像,它总是既贫乏,同时又过度。但悖论的是,这意味着批评鲍德里亚作品中对"原始人"的使用不够精确并没有抓住要点,也就是说从最初起,他一直以来所使用的就是一种"原始主义"的拟像。这就相应地导致了鲍德里亚的"真实"或"一个当代社会的大他者"的意谓就是不稳定的。鲍德里亚一直不断提及"古老"的文化,就不再被视为可笑的怀旧行为,而需要进一步进行(更为严谨的)分析。

> ## 小　结
>
> 　　西方人"直视"过去并将之与现代社会比较的需要,使得所谓的"原始"社会产生了一种强烈吸引力,"原始"社会在视觉上生动有趣且令人印象深刻。鲍德里亚在他的作品中不断"展示""原始"民族,而在这章中我们所探讨的这种一系列"展示"的方式是非常有问题的。鲍德里亚讨论的象征交换的理念涉及莫斯和巴塔耶,而且对于这样的土著实践却使用了殖民词汇——夸富宴。本章论述了鲍德里亚是如何以可疑而危险的方式在使用"原始主义"的概念,即使他自己提出警告要提防"提及原始社会"。最后,我们以相关的后殖民主义的批评探讨了鲍德里亚早期社会学著作与后期后现代作品之间的对立矛盾。《象征交换与死亡》被称为鲍德里亚"最后一本关于真实的著作",原因在于本书包含了对"真实"世界的经验分析,探讨了事实和真理;而他的后现代著作则模糊了真实和虚构、分析和述行之间的边界。但是在研读他早期著作中对非-西方社会的使用时,我们发现这一对立本身是令人质疑的。

4

重建马克思主义

　　早期鲍德里亚著作中的一个重要转变时期是伴随着他对马克思主义的重建。本章将讨论结构主义者的马克思主义观(1968—1972)以及从1972年以来对马克思的强烈批判。在英语世界,鲍德里亚著作中马克思的影响经常被忽视。这一现实要部分归结于鲍德里亚的早期作品主要是在五月风暴之后才翻译成英语的,而且也因为后期他的兴趣更多的是在于更为述行(performative)的后现代的碎片。因此《物体系》(1968)直到1996年才被翻译成英语,而其他更多与马克思主义有关的著作:《消费社会》(1970)直到1998年,《符号政治经济学批判》(1972)直到1981年才被译成英语。只有《生产之镜》(1973)相对较快地在1975年即译成了英语。马克思主义概念和思想的发展也被许多批评家所漠视,因为他们更重视后现代主义、消费理论、符号学以及鲍德里亚与结构主义和后结构主义的关系。对马克思主义和鲍德里亚更为严肃的研究是随着凯尔纳(Kellner,1989)和甘恩(Gane,1991)兴起的。在本章中我们将检视早期的一系列著作,它们主要涉及由马克思所产生的问题。在这一点上,我们将看到随着《生产之镜》的出版,一个明确的视点转换出现了,建构一个结构马克思主义的努力由此转变成为某种更为苛刻和怀疑的情况。

结构马克思主义:1968—1972

在早期鲍德里亚的作品中他首要关注的二元对立是生产/消费。我们可以通过评判他处理生产和消费的关键环节的方式,从而探寻他和马克思主义之间的关系,以及他对马克思主义的态度变化。在经典的马克思主义中——也就是说,最接近马克思的原始思维方式的理论——生产是工业化资本主义社会的关键步骤。在鲍德里亚的早期作品中,他对消费的浓厚兴趣是显而易见的,他的兴趣点无疑是来自于将马克思主义应用到现代法国社会中的工资增长和日用消费品的大众消费。但鲍德里亚对于消费的兴趣仍受一个事实所调节,即生产仍然被赋予优先性。为什么是这样?因为鲍德里亚仍然以一种批判的方式来深入马克思。换言之,他仍然相信《资本论》所阐述的众多理论立场。在《生产之镜》中,鲍德里亚认为生产理论已成为当代法国思想的主导,或者至少以生产的视角产生了众多新思想。那么,鲍德里亚说他所要做的正是将这一视角从生产转向消费。因此,若要全面掌握鲍德里亚对马克思主义的运用,就需要勾勒出他有关消费的观点,以及(简单地)勾勒出他关于符号政治经济学批判的发展。

鲍德里亚的《消费社会》以一个人类行为全新体系的视野作为开篇:诸多物的消费行为之一。主体之间的交流被人类、商品以及围绕操控这些商品的整体系统之间的交互所代替。这意味着什么?这不再是人在个人层面一对一(如日常生活、政治或精神信仰等)进行交流的世界,人开始成为商品,变得像日用消费品。换言之,人的价值不再是以他们的"人性"而是以其他的原因来评判,他们也以一种新的模式或节奏来生活(即一种"新的暂时性"):即对于物的继承或消费。在与这个新的暂时性的比较中,鲍德里亚追溯到以往的时代和过去的文明,"在人类千秋万代之后能够留存下来的是永恒的物、工具或古迹"(1998b:25)。例如,基督教的圣杯(装有圣餐酒的银杯)过去只是星期日在教堂里被普通人触碰的一个物。圣杯将会比教民更加"经久",几个世纪以来作为一个物一直存放于教堂。在当今时代,这个宗教性质的物仍然对不少人来说很重要,银圣杯作为一个有价值的古董被买卖。任何有足够钱的人,都能在某一天买到圣杯,而在第二天立刻卖掉获利。在这个案例中,人比物长久。另一个相关的例子是大教堂,这座神圣建筑曾经被认为比崇拜者的生命更加"经久",但如今在一个世俗社会中却被很多人视作旅游的景点,只是以参观一小时左右这种方式来"消费"。鲍德里亚认为主体每天在家中或在工作中通过广告、梦想和幻想所接触到的物的丛林主要都是人类活动的产物(1998b:26)。援引马克思的话来说,这种生产与交换价值的规律有关。换言之,鲍德里亚规划了消费物的现当代世界,但却使用了更多马克思主义的使用和交换价值理论的传统逻辑,这一状况显然构成了某种张力。马克思在《资本论》里将商品理论化为某种同时包含着使用价值和交换价值的东西。

使用价值

使用价值来自于生产活动,以建构某种能够满足一种需要的东西,如鞋或衣服。

交换价值

> 交换价值是一种商品生产所需的劳动力的表现。它是一个"抽象"的表达,因为它不涉及商品本身,如上面提到的鞋或衣服,而是与生产商品的劳动力成本有关。

66   使用价值和交换价值都和生产相挂钩。马克思后来在《资本论》中描述了主体是如何从他或她自身劳动力所生产的产品中被分离或异化(换句话说,工人没有从他或她所生产的物的交换价值中获益),以及从生产方式本身,例如工厂机器(工人不再是一个有经验的工匠,而只是那台机器的一个轮齿)中被分离或异化。对于马克思而言,工人的消费被分解为两个独立的实体:生产消费和个人消费。生产消费是指工人用尽或"消耗"他或她自身的能量用于制造工厂生产线上的一部分东西。但在生产过程中他们却把生产过程的利益转给了工厂主(资本家)。个人消费是指生存的过程,即工人用他或她所有的金钱购买基本必需品,如食品、住房、衣服和取暖。个人消费也有利于生产,因为工人使用他或她所有的金钱来让自己保持强壮以支持其在第二天回到工厂,然而他或她再消耗的能量却使资本家们获益。马克思认为:"虽然工人实现自己的个人消费是为自己而不是为资本家,但事情并不因此有任何变化"[1](1979:718)。即使马克思表明资本主义劳动力再生产在本质上是如何需要个人消费,而不是替代性的个人需要的满足,但他依然专注于使用价值:工人购买商品以满足需要(在这个过程中被

---

1   参见《马克思恩格斯全集(第23卷)》,人民出版社,1972年。——译者注

欺骗,但是根据资本主义,这是无关紧要的)。对于鲍德里亚而言,工人对于物的消费更为复杂和有趣,因为用评论家查尔斯·莱文(Charles Levin)的话说,这种消费包含了一种"文化转型"(1996:62)。换言之,现代消费者与物之间的关系可能与物的使用价值毫无联系,但这并不意味着物不重要,或不能够对社会产生深远的影响。思考一下连接到互联网的个人电脑,以及最初曾被看作是一个毫无意义的活动的"网上冲浪"。如今电子商务正变得越来越重要,呈爆发式增长,"dot.com"互联网公司的股份也对主要的股市产生了重大的影响。

鲍德里亚经常问这样一个问题:文化转型在哪里发生?答案就是在主体的日常生活中,这就是"消费地点"(1998b:34)。亨利·列斐伏尔在他的《日常生活批判》中认为,异化将是哲学和文学的中心概念,因为哲学的批判和文学的表达都涉及在世界上的"存在"(1991:168)。事实上,马克思主义开始主宰法国的思想——以异化的概念作为另一个关键组成部分——这意味着,换言之,"在世界上的存在"现在不得不通过异化来理解。列斐伏尔认为,从物质和抽象的意义上来看,异化是一种对人类活动的修正(fixing)。这句话的意思是,工业化资本主义国家中的人们不再能理解自己的"社会关系",而这在古老社会中是十分稳定的。他们也不认为其自身作为主体是由他们工作中所使用的工具赋予他们意义的——在马克思主义者看来,像前工业化社会中的工匠那样被赋予意义。现在,个体之间是孤立的,与稳定的社会关系以及各种技术领域或行业相剥离。这要由批评家去洞察异化主体的表面关系,这就是说,虽然工人无法认识到他们日常生活异化的根本原因,但批评家可以做到这一点。列斐伏尔认为:

真正的批评会从普遍的不真实性中揭露人类的真实性,这个于我们内部和周围所形成的人类"世界":在我们之所见和我们之所为中,在不起眼的物和(明显地)卑微却深刻的感觉中。

(1991:168)

鲍德里亚分享了列斐伏尔关于"非真实"的看法,但在这个阶段,在他的作品中,他并不满足于关于消费的社会学分析,那就是,大致来说,主体受到欺骗而希望通过消费社会中的"不起眼的物"来满足人为构建的需求和欲望。鲍德里亚将对日常生活的最新批判和马克思的生产理论结合在一起,创建出了自成一体的消费理论。

在《消费社会》一书中,鲍德里亚描绘了消费的逻辑。他仍认为社会"在客观上且绝对地是一个生产社会,是一个生产秩序",但他指出该生产秩序和消费秩序变得相互纠缠(1998b:32-33)。在传统马克思主义的异化理论分析中,日用消费品必然和生产分离。例如,(理想化的)工匠在制作一个既定的产品时,是从头至尾密切参与其发展的所有阶段中,从积累的原材料一直到看见完成的产品而获得满足感。然而,现代的工人与产品没有这样的关系。他或她可能身处工厂,将一件原材料一次又一次地放在机器中,进行无休止重复的抽象劳动。产品已被归入工业制造的过程中,工人因此不再需要自始至终跟踪特定产品的制造过程。列斐伏尔认为:

由于他努力控制本性并创造他的世界,因而他虚构出了一个新的本性。某些人类产物的功能是与人类现实有关的,就像某些令人费解的本性是不受支配的,从外部压迫着其意识和意志。当然,这只能是一个表象,人类活动的产物不可能与无意识的物质上的东西有着同样特性,然而这种表象又是一种现实:商品、货币、资本、国家、法律、经济和政治体制、意识形态——仿佛它们都是外在于人类的现实而发挥着功能。从某种意义上说,它们是现实,有它们自身的法则。然而,他们是纯粹的人为的产物。

(1991:169)

然而,必须被增加到这一方程式中的事实是,随着现代社会的发展,商品出现了极大的丰富,工资得到了增长(尽管马克思清楚地预言了前者,他却没预料到后者的发生)。商品可能仍然是一个实存物,与生产模式相分离,但却未必是一个压迫性的或直接消极的事物。为了解释这一状况,也就是从异化到增长预期的微妙转变,鲍德里亚建构了一个美拉尼西亚土著人的"货物神话",他将其视为一则消费社会的寓言。鲍德里亚说,美拉尼西亚人目睹白人的飞机着陆(尽管他们不知道这是什么),他们就把相似的物放置在地面上。换言之,在这些看似神奇的过程中,飞机给白人带来了"很多"。然而,对美拉尼西亚当地人来说,这些物/飞机从来没有从天空中降落到土著人中:所得出的推论是,这些人需要建造一个模拟飞机来吸引真飞机(1998b:31)。同样,现代消费者"布置了一套模拟物、一套具有幸福特征的标志,然后就等待……幸福的降临"[1](1998b:31)。例如,现代的消费者认为,如果他们得到一件新的最优型号,诸如最新款的手机或一辆新的汽车,他们将从这些物中获得幸福。当然,幸福通常不会来临,而消费者并没有将这种情况理解为一种对期望的批判,反而归咎于物:"如果我得到下一个更好的手机型号,那我不会有这样的感觉"诸如此类。于是这种对幸福的等待周而复始。因而消费的过程被体验为如同魔法般神

1　参见《消费社会》第8页,刘成富等译,南京大学出版社,2000年。此处引文根据本书英译作了修改。——译者注

奇,一方面是因为幸福的标志已经取代了"真实"而总体的满足感,也因为这些标志被用来无限推迟总体满足感的到来:"在日常生活中,消费的幸福并非是从工作或从生产过程中体验的,而是作为一种奇迹"(1998b:31)。奇迹每天都在电视里发生,进一步将社会的生产过程与消费过程相分离,强化了日用消费品在外表与意义上的神奇性质。在许多方面,电视"证明"了日用消费品的功效,因为它经常表明人们因为拥有了昂贵的消费品而感到更加幸福,就像美拉尼西亚人的信仰是由他们建构的货物崇拜所证明的:即白人可以通过转移和侵吞本来是留给土著人的货物而过上丰裕富足的生活(1998b:32)。在这两种情况下——电视和货物崇拜——一个社会群体看到另一个群体消耗了更多的物,只是为了坚定他们在未来会拥有丰裕和幸福的信念。体现在这种信念中的其实是由一种慷慨仁慈的手段(beneficent agency)赐予了他们去拥有丰裕"权利"的概念,不管这种手段是技术、进步或发展(1998b:32)。但鲍德里亚试图表明这种期待是通过"丰裕"的迹象才表现出来的,是依靠我们社会中的代码和象征系统来加强和减缓的(1998b:33)。而后者需要的是马克思所缺少的调查(虽然他在《资本论》的一些长篇大论里指向了这一类调查)。鲍德里亚把"新闻的普遍性"视为消费社会的特征,因为媒体将信息化约为同质的或类似形式,既平淡无奇又是无比神奇(1998b:33)。他所说的意思是现实同时创造了奇观和距离:主体看似更接近世界上发生的纷繁事件,但这个世界却通过符号化被不断消耗着,和现实产生距离。在早期一个最终导致超真实概念的构想中,鲍德里亚认为,媒介呈现给我们的并不是现实,而是"现实所产生的眩晕"(1998b:34;强调为鲍德里亚所加)。媒介仿佛让我们目不暇接,它实际上缺乏一切真实内容;媒介上的报道是出自于我们的欲望,同时又保护我们不去面对一个危险重重、充满问题的世界中的日常现实:"因此,我们在符号的庇护下,在否定真实的情况下生活着"(1998b:34)。对那些更熟悉后来"后现代"写作的读者来说,这样的语言可能是令人震惊的,其中"真实"的概念被问题化,但它们的问题化并不是由于真实的消失,而是从真实产生的分裂。关于这一点,在《消费社会》中,鲍德里亚宣称他可以定义消费实践:

> 消费者和现实世界、政治、历史、文化的关系并不仅仅是利益、投资或责任之间的关系,也不是完全无所谓的关系:它是**好奇**的关系。在相同的模式中,我们可以说,在此我们已明确定义了消费的维度,它不是对世界的认识之一,也不是完全的无知,而是**误识**的维度。
>
> (1998b:34;强调为鲍德里亚所加)

这里还有一些难以解释的问题,比如如何选取一个视角,使批评家看出这种出自于好奇的误识和空洞,以及如何通过符号来判断先于人类理解的世界实际上是什么样的。但需要强调的是,这样的世界显然是先于资本主义产生的异化现象的。在马克思主义理论的叙述中,消费者的日常生活世界通常是贫瘠的,这主要是由于媒体和试图在消费商品中寻找个人满足感的个体的封闭而孤立的世界勾结共谋——而不是由社会关系——所造成的。这样的世界依然是根据消费的指示和欲望来重新诠释的,而更糟糕的是,这种诠释因此是主观性的,而不是从整体的客观性来看的(1998b:35)。

在《消费社会》里,鲍德里亚提出,理论家们必须超越需求的观念是与具体的个别产品有关的,在主体购买(或想要购买)之前就会对他/她施加影响。例如,鲍德里亚并不认为人们被迫莫名其妙地想要一个特定的产品,譬如说一辆新车。相反,存在着一个完整的需求体系,而它是生产体系的产物(1998b:74)。我们可能很难区分鲍德里亚这里所拒斥的观点和他所提出的观点之间的精确差异。但问题的关键在于他想维持马克思主义对生产的强调,而放弃将社会学上的消费减少转化为一系列基于欲望的强迫购买。某种一对一的生产者和消费者之间的关系已经被取代了——譬如说,随着生产者开始设计并制造一种新型电动车,并且使之成为消费者们的下一个欲望对象——一个关乎需求的体系产生了,这是生产力体系在逻辑进展中所产生的效果。鲍德里亚认为,生产秩序并不寻求适当的个体层面的享乐,它否认享乐,以需求体系来取代它。因此,我们可以得出一种消费的谱系:

　　1.生产秩序产生机器/生产力,一种与传统的工具截然不同的技术体系。

　　2.它产生资本/合理化的生产力,这是一种投资和流通的合理体系,与早期的交换模式和"财富"截然不同。

　　3.它产生带薪劳动力,这是一种抽象的、系统化的生产力,与具体劳动和传统"劳作"截然不同。

　　4.因此它产生需求、需求**体系**、需求/生产力,作为一种合理化、集成化、控制化的整体,与生产力和生产过程的一个全面控制过程中的其他三者形成互补的关系。[1]

（1998b:75;强调为鲍德里亚所加）

我们不妨通过联系被工业化的工人来思考这一切。首先,工人不再需要了解用于制造产品的工具。在工业化之前,工人——如铁

1　参见《消费社会》第64页,刘成富等译,南京大学出版社,2000年。此处引文根据本书英译本作了修改。——译者注

匠或纺织工人都能很熟练地使用工具。但是,工业化以后,工人成了"机器"(或是工厂)的一部分,只在该机器的一个部件上运作,他们对整条生产线的运作不需要真正的掌握。鲍德里亚认为,这种从享受他或她的个人劳动成果的技术工人到由工厂异化成机器的工业化的工人之间的这种关系上的变化只是一种新的生产方式的第一阶段。第二阶段是非-象征交换:"产品"——如一个曾经有精神意义的手工圣餐杯——如今却因为能带来金钱上的回报而成为一件物。因而,"财富"不再具有象征价值或意义(圣餐杯当然是值钱的,但这不是它的重要意义所在)。相反,"财富"如今和资本相关,无论是以积累的形式(储蓄、股票等)或投资的形式(更多的机器、工厂等)。请记住,带薪劳动力是一种抽象的概念,是一种赋予工人所耗费的能力的价值,这种价值与工业化机器所生产的产品不再挂钩。这是消费概念发生改变的第三阶段。随后在第四阶段中,产生了"需求体系",其中消费不再和使用价值或者一个进一步被施加的欲望相关。相反,人类现在存在于一个消费体系中,购买产品这个行为和产品生产的本来方式一样都是抽象的。

在《符号政治经济学批判》中,鲍德里亚把个人主体被需求驱动去消费真实的、个体的物的观念称为一个"彻底而庸俗的形而上学"(1981:63)。他提出要分析消费,可以借鉴弗洛伊德分析梦的方式:努力阐释显性梦境的意义是毫无意义的,因为它是从凝缩和移置的过程中所构建的一个复杂叙述。同样,鲍德里亚认为,仅仅看日常的表象是一个错误:(因为)它是一种"无意识的社会逻辑",必须在日常生活范畴中进行分析(1981:63)。鲍德里亚提出了一系列相当复杂的步骤,它可以简单地概括为:第一,经验对象(empirical object)本身就是一个神话,因为它实际上是通过"不同类型的关系和意义,互相汇集、自我矛盾,并在它的周围缠绕"(1981:63)而

建构的。在这个阶段,我们能想到两类超越功利性的物:收藏的物
和消费的物。对于收藏的物,物在心理活动过程中充满了个人意
义。任何物,从邮票到"经典"车,都可以被收藏——最重要的是,
该收藏家在收藏的过程中找到了愉快感和特殊性。这些感觉可能
与物的功能没有任何关系:邮票是否可以贴在信封上或者旧汽车
是否能开动,这些都无关紧要。对于消费的物而言,物(比如说,一
件精心设计的礼服)却具有社会意义,诸如地位(佩戴者必须拥有
巨大的财富才能买得起这样的衣服)、声望、时尚等。但消费的物
并非通过功利性或个体性才发挥功能:它通过与其他物的关系来
发挥功能。换句话说,它便有了如同索绪尔式的符号功能:差异性
和任意性(1981:64)。接下来,随着前资本主义社会向资本主义制
73　度的过渡,一种由象征交换到"符号价值"的变化也随之出现。鲍
德里亚这样表述是什么意思呢? 在象征交换中,物并不会因为本
身的价值而被赋予意义,而是由交易(如夸富宴)而产生意义。然
而,这种消除物或将物个性化的行为都造成了奇怪的效果,因为在
赠送过程中任何物(儿童画或一张伦勃朗的画)都是可以的,而且
当人们收到礼物后,这种物就变得具有特殊意义了。(我们说:"这
个物有情感价值。")在资本主义中,物与前工业化生产过程和象征
价值相分离,它发挥着一个符号的作用:"符号-物既不是给定的,
也不是交换的:它被个人主体作为一种符号,换言之,作为符码化
的差异而占有、保留并且操控。这里指的是消费的物"(1981:65)。
换言之,我可能会决定穿一件名牌设计的西装,这不是为了满足需
求,而是为了表示我和周围其他人的不同。对于鲍德里亚而言,象
征交换揭示了具体却显而易见的人际关系;但随着向符号价值的
转变,这种关系不再是透明的:

　　成为符号的物就不再以两个人之间的具体关系来表现它的意义。它通过与其他符号的差异性而获得意义。这有点像列维-斯特劳斯的神话,即符号-物在它们之间交换。因此,只有当物能够自动成为差异性的符号,并由此体系化,我们才能谈论消费和消费的物。

（1981:66）

再来思考一下穿名牌设计的西装的行为:穿名牌设计的西装其实并不是想别人会看重衣服的质量和手工。相反,名牌设计的西装的功能或意义在于它不是一个随处可见、满街泛滥的品牌。不同的西装的功能也都一样,与谁穿根本无关(想一想大多数走秀的模特,除了超级名模,对普通消费者来说都是无名之辈)。换言之,名牌设计的西装在时尚界的流行,进而就超越了其本身的意义,变得像符号——没有人可以穿上/使用它们,或者它们也可以被任何人穿上/使用,但穿的行为不会改变它的意指性。另外一种对此的思考与索绪尔相关:穿西装就像是言语行为或"言语"。这种言语行为是由语言系统或整个"语言"体系,而不是单个说话者来赋予意义的。因此,鲍德里亚理论中的消费者沉溺于消费(穿西装)行为,这是由某种体系(如时装体系或符码)而被赋予意义的。

　　因此,鲍德里亚认为我们必须区分消费的逻辑和使用价值的逻辑,交换价值以及象征交换之间的区别。一个明显的例子是,结婚戒指和普通的戒指之间的差异。婚戒具有象征价值(即婚姻),因而在赠予的过程中成为一件独一无二的物。例如,结婚戒指不会由于某些时尚的改变而按周期更换等。然而,普通的戒指通常并不具有象征性:它们会随着不同的时尚而被更换,被彻底扔掉,是为了炫耀而佩戴(炫富),又或纯粹是为了个人喜好而佩戴。普

74

通的戒指是非特别的,它起到一个符号的作用,只是一个消费的物
(1981:66)。鲍德里亚继续谈到,很多关于"需求"的思考都没有考
虑到主体—物之间关系的系统性以及消费和交换的不同逻辑之间
混乱而糅合的方式。那么,如果消费需要被阐明,解决方案是什么
呢? 鲍德里亚以一个相当宏观的姿态说道:"因此,重建整个社会
逻辑被证明是有必要的"(1981:72)。这不只是通过论证根本没有
所谓的物(因为我们将物视为符号),而是凭借指出没有所谓的个
体来达成此目的。即使所有的论述都涉及生产,这里鲍德里亚的
结构主义的马克思主义已远远偏离了马克思。继列维-斯特劳斯等
人之后,鲍德里亚在这里也提出个人主体是以社会体系为先导的:
"在基本生存得到保证之前,每一群个人群体体验到一种重要的压
力,使得他们自身在一个交换和关系的体系中产生意义"(1981:74)。
自由的人文主义立场认为人类保留和表现了他们内在的、天生的
身份认同,鲍德里亚则与此相反,他认为人类是由先于他们的社会
体系来规定他们的身份认同。"语言"的交流是先于主体的,因为
主体是符号体系的能指之一,是由整个体系来确认身份(例如,根
据婚姻或亲属关系的体系),同时主体也是体系层次结构中的"意
指性元素"之一。这一观点还认为货物和商品像人类主体一样也
进入了这个体系,因此消费就是交换(1981:75)。正如语言并非是
由个人的言语行为即时构建的,消费也并非因个体的需求而即时
构建或确定。主体生于语言,而消费在差异和符码的场域中生存
和发生:

75

　　流通、购买、销售、对被区分的货物和符号/物的挪用,构
成了我们的语言、我们的符码,整个社会都通过符码来**沟通**和
交谈。这就是消费的结构,它的语言(langue),与此相比,个

体的需求和愉悦(jouissances)只不过是言语效应。

(1998b:79-80;强调为鲍德里亚所加)

鲍德里亚的分析认为消费的功能作为一种不同的符号体系在发挥作用,这点在《符号政治经济学批判》一书中进行了进一步深入地阐述和理论化。这本写于 1960 年代末和 1970 年代初的论文集以一种与早期马克思主义分析商品形式类似的方式分析了符号形式。有时他还在《物体系》和《消费社会》中进行了补充,而在其他时候他也表达了同样的观点,但理论视角上不是那么连贯一致的,这些文章对马克思主义和符号学思想提供了详细的联系。虽然对这些文章作进一步深入的研究则超出了本章的讨论范围,但可以指出的是这些分析的政治框架也是作为马克思主义思想极致扩展的边界标志,在这一时期鲍德里亚有时会超越马克思主义思想,但总是会返回到深藏于其思想之中的马克思主义和生产理论。

对马克思的批判

　　在早期的一系列著作中,消费理论成为了试金石,生产在 1972 年以后就成为了马克思主义思想的困境或"盲点"。生产被认为是马克思主义思想中占统治地位的一个概念。由于这种统治地位,它还演变成了马克思主义分析的一个局限所在——换言之,马克思主义无法超越生产而展望更远。这也就是为什么它是一个"盲点"。《生产之镜》不但发展了先前一系列著作的观点,而且是对那些作品的一个根本的突破,我们平时却没有认识到这点。在《生产之镜》中,鲍德里亚抨击了存在论(我们如何在世界上存在)和认识论(我们如何知道世界)的马克思主义关于生产导致了生产的观点,"将整个人类历史局限于巨大的拟真模式中"(1975:33)。在许

76

多方面,这种抨击远没有细致分析那样尖锐,一部分原因是鲍德里亚试图从侧面批判整个理论体系,还有一部分是因为他采用的是并不是很明晰的解构性的逻辑。但正是这种对马克思主义的解构,使得其观点充满了激进性,我们应当尽量阐明这一整体论述的脉络。

在《生产之镜》中,鲍德里亚回到马克思主义理论的基石。其中他特别感兴趣的是质和量的辩证关系(1975:25)。鲍德里亚将质和量进行了比较,因为质与前工业化的生产模式相连(这里的"质"等同于工人从开始到结束与产品紧密相连),而量则与大规模生产相关(因为工作的能力被卖给了其他人,工人只是不断执行重复劳动并且对于最终产品毫无愉悦感或满足感),然后他认为这些与使用价值和交换价值相联系,由此:"在随之而来的资本主义生产模式中,劳动是在双重形式下进行分析的"(1975:26)。在马克思看来,劳动可以是"具体的和特殊的"(就生产的使用价值而言)或"抽象的、一般的和同质的"(就生产的交换价值而言)(1975:26)。马克思认为,使用价值产生了交换价值:

> 产品……是一种使用价值,例如棉纱或皮靴。虽然皮靴在某种意义上构成社会进步的基础,而我们的资本家也是一位坚决的进步派,但是他制造皮靴并不是为了皮靴本身……资本之所以要生产使用价值,是因为而且只是因为,目前使用价值是交换价值的物质基础,是交换价值的承担者。[1]
>
> (1979:293)

对这种生产模式的改变的叙述强调了 18 世纪的劳动关系中的改变。不过鲍德里亚认为,这不是导致了劳动概念本身的普遍化的

---

1   参见《马克思恩格斯全集(第 23 卷)》,211 页,人民出版社,1974 年。——译者注

前工业化生产模式的改变。相反,劳动概念的普遍化是由两个术语"质"与"量"的"结构性的连接"而产生的:

> 劳动确实在这个"分叉"的基础上得以真正地普遍化,它不仅是作为市场价值,而且还是作为人的价值。意识形态由此总是被某一个二元的、结构性断裂[拆分]所推进,有效地将劳动的维度普遍化。通过区分……量的劳动延伸到全部可能的领域。

77

(1975:27)

这是一个超乎想象且难以理解的问题,因为鲍德里亚认为,正如列维-斯特劳斯的乱伦禁忌的观点一样,这里存在着一个不可能的二元对立的原初连接(articulation)。换言之,这就是那个思想的整个体系——这里就是马克思主义——被一个矛盾所开启。因此,质并不先于量,正如马克思所论证的,质是真实的、具体的,是源于自然的;而量是抽象的、人工产生的,或者质是工匠从开始到结束(整个做皮靴的过程)一直跟随做出来的产品,而量是抽象的、出售的劳动(在一个机器上不停地给皮靴打鞋眼)。更确切地说,这些对立的连接所产生的结构体系使得我们能够阐明生产劳动的普遍必然性的观点。但是这样一种结构性的体系,以及任何普遍的观点,就其本身而言都是抽象的。那么我们(像马克思主义者们)去重新解读前-资本主义的生产模式中的具体的、真实的、质的劳动的观点时,却忽略了事实上这些观点都是源自于我们后来的抽象体系。鲍德里亚解构性的论证对于(如果并非全部的话)马克思主义中的很多具有奠基性的概念而言有着激进的含义。他对这种结构性的连接的分析作了如下的总结:

但这种"具体的"是对这个词的滥用。在这种分叉（质与量之间）的基础上,这个词似乎与抽象对立,但是事实上,正是这种分叉建立起抽象。劳动的自主化被封闭在从抽象到具体、从质到量,从交换价值到劳动的使用价值这种双重的游戏中。在能指的这种结构化的游戏中,劳动的拜物教和生产力具体化了。

(1975：27)

对于鲍德里亚而言,马克思主义总是受到一种叙述的约束,即人类被视为一个存在者的生产性的共同体,存在者被劳动迫害或拯救,这取决于意识形态体系的作用。换言之,人类主体在他或她自己的劳动中实现自己。我们已经简要地探讨了黑格尔的主/奴叙事,他认为拯救奴隶的种子恰恰是通过工作来播撒的。但是,对于人类社会中并不是通过生产力来构建它们自身的模型,我们并没有进行任何深入的探讨。鲍德里亚认为,这样的模型——例如"原始"社会或"古代"社会——和生产性劳动的根本前提是相矛盾的。

鲍德里亚热衷于保持物质和象征财富之间的对立。前者是在一种目的论体系内产生的——总是要获得更多,总是要变得更有生产力,总是要实现更多的资本等。然而,象征财富是非目的性和非生产性的,这是来自于破坏、遗弃、给予以及侵越之间的交换。象征财富,正如其名所暗示的,与物质财富的意指是根本不同的。举一个例子——马塞尔·莫斯在《礼物》中提到了在加拿大西北海岸的海达族人和夸扣特尔人的铜制纹章,我们发现象征财富可以有一个实存,一个存在的本身,异于物质财富的存在;铜制纹章可以言说或是抱怨,要求温暖、馈赠或是销毁;它们可能会吸引其他的铜制品,但不是以一个简单的因果关系,因为物、精神和所有权的相互内在联系(Mauss 1990:45)。象征财富的关键因素是一种关系:它是能创造象征意义的每一个特定"交换"的过程,包括来自其他人、精神和物(首先是这些范畴的混合物)的相互认可。在许多方面,鲍德里亚保持了一种对马克思的"纯粹主义"的阅读,他将马克思主义的逻辑推到了极限,而没有将其变成根本不同的东西,譬如,巴塔耶的过度理论中提倡犯罪、破坏、浪费等。其中一个被使用的极限化策略是探讨马克思主义的概念在批判资产阶级思想的过程中被"普遍化"的方式。换言之,这些概念在历史地位上并没有被视为解释的工具(interpretive devices)而是被视为普遍范畴。我们可以通过简单地思考黑格尔的《精神现象学》来观察该问题,《精神现象学》中的辩证运动始终是趋向"绝对精神"的,但是从一开始,由于没有立场可以完全在辩证范围"之外","绝对精神"就属于主体的朴素立场,而且终点是起点的动力源泉或驱动着起点。随着马克思主义概念的普遍化,鲍德里亚认为这带来了下列三重结果:这些概念不再是分析性的而变成了"宗教的"或神秘主义;这些概念呈现出一个科学的外貌;它们变成现实/真理的代表,而不是解释(1975:48)。作为被普遍化的概念,如"绝对精神",它们成为了一个封闭的思想系统中的目标和驱动力。其他社会,诸如所谓的"原始"或"古代"社会,必须在这个封闭的系统内被表现为某种方式的"萌芽"。鲍德里亚认为,我们可以看到马克思主义思想的界限恰恰处于这个失败的接触点上(失败是因为大他者是通过相同理论解释的):"在原始社会,既不存在一个生产模式,也不存在生产;同样也没有辩证法和无意识。这些概念只能分析我们自己的社会,被政治经济学所统治的社会(1975:49;强调为鲍德里亚所加)。在前一章中,我们讨论了鲍德里亚自己是如何能够对其他社会提出这样的阐释性主张;而本章的重点在于,在用马克思主义思想对抗一个异化的大他者时,马克思主义被证明是一个局部现象,即使它具有巨大的阐释力,但是它并不具备一系列普遍性。

小　结

从 1972 年以后,鲍德里亚对结构马克思主义阐明的努力就已变成了对马克思主义的批判。本章考察了鲍德里亚从一个新的消费理论的立场出发,他对物的丛林中的日常生活经验的描述预示了对马克思的批判。换言之,我们可以看到鲍德里亚是如何运用马克思主义的逻辑(特别是使用价值和交换价值)来勾勒现代消费型世界的,但是他也继而认识到在马克思主义的解释中存在着空白,如工资的天文数字般的增长和消费产品的消极性和压迫性变成了人们生活中的一种积极因素。我们还探讨了,在鲍德里亚看来物是如何从生产中被分离的过程,以及象征价值意味着物现在像一个符号在发挥功能。鲍德里亚随后对马克思的批判以及他对质/量、物质财富和象征财富等对立概念的分析都是基于这种洞察基础之上的。

5

拟真与超真实

本章探讨鲍德里亚后期作品中的两大中心思想：拟真与超真实。本章把这些思想置于历史语境中，并将之与后现代主义、战争以及电影相联系。最后，本章还将探究鲍德里亚和法国理论家米歇尔·福柯及居伊·德波之间的理论关联。

水门事件

1972年6月17日，五个人冲入了位于华盛顿特区的一栋名为"水门"的建筑大楼。在接下来的两年里，美国总统理查德·尼克松企图掩盖他和自己的下属卷入这一事件。然而，在那两年中，逐步浮现出水面的是，白宫政府的腐败程度远远超过了人们想象的可能：企图窃听位于水门大厦的民主党全国委员会办公室的这一做法，只是一系列犯罪行动中的一部分，其中还包括了计划炸毁自由智库布鲁金斯研究所，对1971年五角大楼文件泄密一事相关人等采取非法的窃听和盗窃，以及在总统选举中所采取的许多肮脏

手段(参见 1976 年电影《惊天大阴谋》)。接踵而至的调查迫使尼
82 克松总统在 1974 年 8 月选择辞职而不是面对弹劾,他是美国历史
上第一位辞职的总统。尼克松身边的许多资深顾问——政府中的
最高层——最终都被控犯罪而入狱。从杰拉德·福特接替尼克松
成为美国第 38 任总统的就职演说来看,可以说这场破坏性的丑闻
风波到此为止;后来又出现了其他各类"门"事件——伊朗门、伊拉
克门、白水门——但是根据弗里德·埃默里(Fred Emery)的记载,
水门事件依然是"各类'门'事件的源头"(Emery,1995:xiv)。水门
事件的故事可以简洁地概括为:一次撕去了看似遵纪守法的资本
主义民主政府伪装的入室偷盗;政府走入歧途的丑闻以及试图掩
盖的做法被逐渐公开,直到国家司法程序的正式介入,消除或干掉
了腐败的官员后,民主才再一次得到恢复。

不过,鲍德里亚并不这么想。在他的《拟真》中,他提出:

> 水门事件不是一件丑闻:这是不惜一切代价要说出来的
> 事情,因为这是所有相关人员都想掩盖的,当我们接近资本原
> 初场景时,这种掩饰掩盖了一种强化的道德感,一种道德恐
> 慌:它的突如其来的残酷性,它的难以想象的凶猛,它的根本
> 性的不道德——这才是真正的丑闻。

(1983b:29)

鲍德里亚似乎在这里推翻了整个水门事件的情况。他认为成为丑
闻的并不是政府的腐败,而是水门事件对政府的揭露是一个"真
相"(当时这个真相是被这样的意见所掩盖的,即这个事件是一次
偏差失常,而不是本质事实)。换言之,鲍德里亚认为水门事件并
不是揭露了一个在道德上优越的体系出现了问题(民主所控制的
资本主义发生了故障),而是揭露了"资本对归因于它的契约观念

根本毫不在乎——资本是一项畸形的、无原则的任务,仅此而已"(1983b:29)。因此,对于鲍德里亚来说,丑闻的产生并不是因为水门事件闯入了人们的视野,也不是因为随后出现的掩饰行为,而是在于被揭发出来的政府的无原则这一行为本身被以尼克松政权的终结和福特总统就职的所谓的秩序回归掩盖了。

如果我们只考虑上述这些被颠覆的价值观(一件丑闻被另一件丑闻所替代),那么鲍德里亚关于水门事件的论述就非常易于理解了。然而,除了一种对道德性和道德意义的逆转之外,他的论述中还包含了更多内容。鲍德里亚第一次提到水门事件的描述是十分复杂的:"水门事件,与迪士尼乐园有着相同的脚本(隐瞒了现实既不存在于人工边界范围之内,也不存在于这之外的一种假想效果)"(1983b:26)。发生在 1970 年代的、最让人恼火的政治丑闻是如何与迪士尼乐园相比较的呢? 而关于后现代主义,这种比较告诉了我们什么呢?

我们需要认真的思考来回答这些问题:首先是关于迪士尼乐园这个例子,其次是关于在《拟真》一书中其他例子勾勒出一个具有高度批判性的后现代主义世界的方式。

后现代主义

罗兰·巴特曾经将文学文本描述成"布满引用的一张薄纸"。这种表述恰如其分地表达了后现代主义的特征。一个后现代主义的文本、建筑、表演等,通常是各种风格的混合,利用各种历史事件和历史特点来生产一种混合形式。这与现代主义完全相反,现代主义通过拒绝过去来建立一种全新的、封闭的自身风格。而后现代主义则是开放式的、自我反省式的(因为这种形式会引用自身)、动态的,在它愿意将自身的特征混合进其他的后现代主义文本、建筑之中的意义上。对于后现代主义是何时开始的,批评家们至今有所争议。一般来说,这个词语在 1950 年代到 1960 年代之间方兴未艾,在 1970 年代伴随着法国著名理论家让-弗朗索瓦·利奥塔的《后现代状况》一书的面世(1979;1984[英译本])脱颖而出。然而,如果以一个历史事件来明确标志向后现代主义时期的转变,那可能就是越南战争(1959—1973),它导致了对于行政当局和技术的普遍不信任,而且同时促进了对现实世界的电视体验。在文学领域,主要的后现代主义小说家包括托马斯·品钦(如《拍卖第四十九批》,1966)和唐·德里罗(如《白噪音》,1984;1986[Picador 版])。

迪士尼乐园

当我们想到一个诸如美国迪士尼乐园的地方时,往往会将其看作是对于现实的虚幻表征,或是对于真实的极致拟真(比如童话的迪士尼城堡是基于在欧洲到处可见的建筑物)。但是,鲍德里亚认为迪士尼乐园以及它周围的区域具有拟真的第三序列的性质。拟真的第一序列意味着对真实的表征(如一部小说、一张绘画或地图)明显是那样的:人工的表征(artificial representation)。然而,拟真的第二序列模糊了现实与表征之间的界限。鲍德里亚将我们引向博尔赫斯的寓言《关于科学的精确性》(Of Exactitude in Science),其中写道:"帝国的地图制作者将这张地图画得如此精细,以致它将精确地涵盖领土的每一处"(1983b:1);换言之,地图和现实之间再也无法区分,所以某种程度上来说,地图变得和现实一样真实。但是,拟真的第三序列超出了这些观点;它产生了一种"超真实",或

"一种由没有源头或现实的真实模型所创造出的生成"(1983b:2)。在拟真的第三序列中,序列逆转,模型高于真实(如地图超越了领土)——但是这并不意味着现实与表征之间的界限模糊了;相反,这是对二者的脱离;在此,逆转变得无关紧要了。鲍德里亚认为超真实是在规则化系统中产生的(即借助于数学公式),就像计算机代码虚拟现实一样;也就是说,脱离了模仿和表征,置身于数学公式的世界。对于所有这一切至关重要的,同时也令人烦恼的一点是,超真实并不存在于善恶的领域之中,因为它以其述行性(performativity)来衡量自身——它能够发挥或运转得多好呢?

拟真的第三序列

> 在拟真的第一和第二序列中,真实依然存在,我们以真实来作为对拟真的成功性的衡量。鲍德里亚对拟真的第三序列提出了一种担忧,担忧这种模型会创造所谓"超真实"——也就是,一种没有真实源头的世界。因此,在拟真的第三序列中,我们不再有真实作为方程式的一部分。最后,鲍德里亚认为"超真实"将成为体验和理解世界的主流方式。

要理解鲍德里亚"超真实"概念的复杂性,那么就必须要借助散布在英译本《拟真》一书里的两篇文章中的具体例子来加以考察。谈及医药、军事和宗教领域,以及对拟真概念的探究都值得认真思考。在其中一个名为"神圣图像的无指性"的部分中,鲍德里亚指出了假装/掩饰与拟真之间的区别;对于前者,存在着一种"不在场"和"在场"之间的关系,或与事物的"真实"状态的关系。掩饰是一种假装的形式,或对人们的真实感觉的掩盖。鲍德里亚说:

85

"掩饰就是假装没有其他所有的事物"(1983b:5)。因此譬如说,某个饥肠辘辘的人假装自己不饿,也许是为了保持某种克制的形象。在鲍德里亚看来,在掩饰中,现实原则依旧保持完好——例如,有人会躺到床上去,说自己身体不舒服而假装生病。但是在对疾病拟真时,卧床的人实际上会制造出一些症状,如不停地打喷嚏之类。在后面的例子中,我们如何知道事物的真实状态是怎样的呢?如果我们看到有人打喷嚏,这个人是否就感冒了呢? 在这个例子中,假装生病的人没有明显的病症时,我们很有可能证实他们对自己的真实状态撒谎是有某些理由的(就像小孩子为了不去上学而装病)。重点在于我们能够辨别出主体事实上是健康的,是在假装不舒服。换言之,我们依然能够识别事物的真与假的状态之间的差别。而在拟真中,我们再也无法发现这些差别,因此这些差别本身受到了威胁。如果这个逻辑进一步推究深入,医学也受到了质疑:

> 如果任何病症都可以被"制造",并且不再是自然事实,那么任何一种疾病都是可模拟的、可拟真的,而医学也就失去了其意义,因为它只能通过客观的病因来决定如何治疗"真实"的疾病。

(1983b:5-6)

鲍德里亚还进一步给出了两个真与假之间界限模糊的例子——军队和教会。鲍德里亚认为,在过去,军队会揭露那些为了摆脱特定责任(如逃离军队,免服兵役)而装病装疯的对象;这些人会因为不法行为而被惩处。但是现在,军队试图改造那些假装者——换言之,按真实的"疾病"来治疗,最终使其回归岗位。在这种改造中,现实原则被打破了,因为没有任何越过模拟病症去寻找"真实"状态的尝试:无论这个人是否真的生病了,症状总是对象表演性的真实状态。

　　鲍德里亚给出的最后一个范例是关于宗教图像的,由于分散成众多的圣像或拟像使得一神论中的(唯一)的神处于危险之中。在此过程中,"真正"的神可能会被一系列模拟的神所取代。鲍德里亚认为这种取代并不可能如此简单,因为圣像还可以掩饰(即假装)它们没有上帝的力量,因此和它们关联的是不在场的上帝(证明了上帝存在,而且上帝潜在地可能拥有最高力量)。相反,圣像的问题在于,在此过程中,它们有着"从人的意识中抹除上帝的"功能(1983b:8),这意味着"最终从来没有任何上帝存在过,只存在着拟像,事实上,上帝自身只是他自己的拟像"(1983b:8)。

述行性知识

　　在利奥塔的《后现代状况》中,技术被描述为充分利用性能的事物,即以最小输入获得最大输出。这种技术的定义所产生的结果是极为深刻的——例如通过使用计算机对宇宙了解更深——这正是技术功能的一个更为富有成效或生产性的方式。"真理"或"道德"等哲学理想在后现代时期都服从于述行性:如果有效,它就是好的。利奥塔指出,在1970年代,高等教育将由述行性所主宰:用于提高社会系统的述行性的技能拥有优先地位(1984)。例如,计算机科学、基因工程的教学将优先于传统学科如哲学和艺术的教学。

　　鲍德里亚将迪士尼乐园称作拟真的第三序列,如今这可以与水门事件联系起来。将迪士尼乐园构想为拟真的第二序列较为容87

易,园中仿造的城堡看上去比真实的城堡还要真实,主要是因为它体现了我们理想中的城堡应当看起来是什么模样的所有天真浪漫的想法,而且那些用于表征的机械装置都被巧妙地掩藏了,以至于现实和表征之间的界限变得模糊。但如果将迪士尼乐园理解为拟真的第三序列就有些困难了。鲍德里亚论述道:

> 迪士尼乐园想隐藏的事实就是,它是"真实"的国度,"真实"的美国的一切,**就是**迪士尼……迪士尼乐园以一种幻想的方式呈现,目的是让人相信迪士尼之外的其他地方都是真实的,而实际上它周围的洛杉矶和整个美国都不再是真实的,而是处于超真实和拟真的序列之中。
>
> (1983b:25)

鲍德里亚用监狱进行了比较,他认为监狱掩盖了社会上所有人都被监禁的事实;换言之,我们相信自由,正是因为我们将罪犯拘禁起来,看不到监狱内外两个社会领域在结构上的相似性。关于这一点,福柯在其 1975 年的作品《监视与惩罚》(后由艾伦·谢里登译为《规训与惩罚:监狱的诞生》)中阐释得极为清楚。福柯提出的著名理念就是在社会运行中的微观权力,如全景敞视监狱,即英国哲学家杰里米·边沁(1748—1832)所设想出来的著名的监狱计划,他提出了通过永久监视的潜在可能性而形成规训机制。福柯对全景敞视监狱的描写在此值得我们引用较长的一段(虽然在本章结尾我们将会讨论鲍德里亚对它的批判):

> ……四周是一个环形建筑;中央有一座瞭望塔;瞭望塔装有宽大的窗户,对着环形建筑;环形建筑被分为许多小囚室,

每一个小囚室都贯穿了建筑的横切面；它们都有两扇窗户，一
扇朝里，对着塔的窗户；另一扇朝外，能使光线从囚室的一端
照到另一端……通过逆光的效果，只要站在光源相反的角度，
人就可以从瞭望塔上观察到在囚室中被拘禁的那些渺小的身
影。这些囚室就像是许多的囚笼和小剧场，在其中的每一位
演员都是孤单一人，独具特色并历历可见。[1]

(Foucault, 1979:200)

福柯吸收了边沁的"全景敞视主义"的观念，根据这种观念，社会不
再是根据传统的主权权力模式来发挥功能，或者说这种权力不再
是自上而下直接地从肉体上施加给民众，而是相反通过规训的关
系与每一个主体相交(Foucault, 1979:208)。从"为什么是鲍德里
亚？"这一部分(参见 pp.2-3)和第 1 章中所谈的相关评论来看，这
是一个关于权力是如何在社会中运行的结构主义观念——让我们
回想一下具有指示性的莫内计划，这个计划需要社会中的每一个
个体来完成，而不是仅仅依靠上方的指令。鲍德里亚在《拟真》一
书中指出，只有当主体相信理性统治了社会，而规训、幼稚和疯狂
等诸如此类在其他某个地方才可见到时，社会才能运转。或者，换
个方式来表达，社会需要相信理性的主权权力占统治地位。因此，
他称迪士尼乐园"人为制造的威慑机器，意图逆向恢复对真实的虚
构"(1983b:25)。他这样说的意思是指迪士尼的存在使我们相信
理性存在于这个充满童趣的乐园的围墙之外，而不是被到处皆是
的天真无知所取代。这也是为什么水门事件可以用来类比迪士尼
的原因。水门事件产生了一个为了复原或再生"一种道德和政治

1　参见《规训与惩罚：监狱的诞生》，第 224 页，刘北成等译，生活·读书·新知三
联书店，2003 年。此处引文根据本书英译本作了修改。——译者注

的原则"而存在的丑闻(1983b:27)。这个原则就是,政府采取的手段在根本上都是道德的,整个社会都共享这种道德;但是这样一种观念却被那时的美国政府力量(如联邦调查局)的隐晦行为所破坏,再加上新闻记者们没有光明正大地报道丑闻事件中相牵连的人。因此鲍德里亚指控《华盛顿邮报》的著名记者鲍勃·伍德沃德和卡尔·伯恩斯坦滥用了类似于中央情报局的调查方法(1983b:27)。但是这项指控是惊人的,似乎将两位试图找出真相的记者和尼克松政府中贪污腐败、道德败坏、有意违背法律(而且,在此过程中将自己视为凌驾于法律之上)的官员混为一谈了。鲍德里亚能够为该指控辩护和作出解释的依据只有资本主义以及左右翼的政治行动观点。他借鉴了法国哲学家皮埃尔·布迪厄的观点——力

89　量关系不仅与掩饰行为有密切关系,而且在实际上也从中获得权力(例如跨国公司一边宣布对于西部环境的道德政策,一边又在发展中世界做着背道而驰的事情),鲍德里亚对此观点进行了进一步的发展和延伸,他认为:"不道德的"资本(暂且不论善恶)只能通过掩饰来运作。因此,资本需要道德"前沿"来向世界展示自身。所以任何这种道德"前沿"的革新能够增强资本的力量去歪曲自身,于是也就有了伍德沃德和伯恩斯坦推动了"资本的秩序"(the order of capital)一说(1983b:27)。对于鲍德里亚来说,这二人(还有布迪厄)都犯了同样的错误:他们相信资本的理性(或者说,即使这就是他们希望资本终结的所在),而鲍德里亚认为资本与理性是相分离的。这使得我们非常迷茫,无法分辨在水门事件中"深喉"将丑闻内幕爆料给《华盛顿邮报》的记者们这一行为,究竟是为了左翼还是右翼(尤其是当我们认同政府的道德革新增强了资本的力量本身)。这似乎让我们掉入了一个可怕的深渊,在此,超真实创造了一个肤浅的、表演性的社会,理性变得支离破碎、接近断裂。许多批评家将这样的一个世界称作"后现代"。

后现代的 1970 年代

水门事件时期,十分讽刺的是,虽然贪污腐败盛行,但尼克松政府结束了越南战争。实际上,亨利·基辛格早在 1972 年 10 月发表的声明中就提到了越南即将迎来和平,尽管当时还无法成真,它其实预示了美国政府正在努力的方向。就在水门事件之后的 5 个月,大多数人都同意尼克松政府举行改选;但在本身被认为有问题的,而在政治上却非常有成效的"圣诞大轰炸"之后,基辛格所暗示的和平协议也变成了现实,基辛格和越共领导人黎德寿(Le Duc Tho)也因此被授予了诺贝尔和平奖(Emery,1995:231)。最终,国会要求所有美国军队撤离南越,战争结束了,除了其中一个方面迄今为止似乎还没有平静,那就是:美国的精神。越南战争被称为第一次"电视的战争",意指战争所导致的死伤和破坏的意象都是通过当时占统治地位的电视技术传送到西方世界的。在各个方面,记者很少能够像这样自由地穿梭于战场,这主要是由于军事高层意识到了控制和引导媒体报道战争的潜在重要性。后来发生的一系列战争,尤其是海湾战争,都被视作大众对于宣泄的渴望的一部分,是越战失败后美国政权重振旗鼓的治愈时刻。但是反过来,这并不能让我们接受越战本身,许多问题依然悬而未决:这场战争到底是为了什么? 为什么这么多美国人为了这场对诸多返回家园的人们而言毫无意义的战争而战死沙场? 这场战争是否引发了西方世界的学生和其他激进主义分子运动的兴起,如 1968 年 5 月的法国学生运动? 在越战失利后,美国作为超级大国的立场又是什么? 更多的问题都还没有得到解答,但是在媒介,尤其是电影中,这些问题时常被讨论,且周而复始地被探讨。在第 1 章中我们看到鲍德里亚将"五月风暴"中的媒介看成象征交换的短路,与能够

90

改变世界的行动和语言相脱离；在某种意义上我们可以说，到了
1968年5月的时候，媒介已经进入了拟真的第三序列的世界，无论
它将革命表现成是好事还是坏事，或者说即使它将这一事件描述
成真正的具有革命性，又或只是临时性的学生起义（包括了相关的
罢工运动等），这些都是无关紧要的。关于如何理论化鲍德里亚有
关在越战中的媒介的观点，这给了我们启示，他认为这些媒介已经
成为了某种对于越南地面局势的真实或虚假的表征之外的事物
了。越战期间和战后发生的所有事对鲍德里亚来说在某种意义上
都是超真实的，就像水门事件一样，这种超真实正是描写1970年代
的后现代状况的一种方法。

战争与电影

　　鲍德里亚《拟真》中的第一篇文章"拟像的运动"实际上是来
自于他1981年在法国出版的《拟像与拟真》一书。在这本书中有
一章是关于弗朗西斯·福特·科波拉的越战电影《现代启示录》
（1979）的，这将进一步深入谈到拟真的第二序列。鲍德里亚认为
战争和电影在美国都是超真实的：都被理论化为试验。鲍德里亚
这么说是什么意思呢？他认为越战就像一部甚至还没有开拍的电
影，因为它充满了"特效"，通过技术手段制造出能够引起幻觉的奇
妙景象（1994a：59）。而且，战争变成了一个试验场所或试验基地，
在战争中美国人可以试验最新的强大武器和权力技术（讽刺的是，
不像在海湾战争时，这些技术没有大量地使用，因为在越南有难以
捉摸的地形）。鲍德里亚说道：

　　　　科波拉唯一所做的事情就是：试验了电影业的介入能力，
　　试验了已经变成无数特效机器的电影业的影响力。在这个意

义上,他的电影通过其他手段将战争延续下去,是这场失败的战争的顶峰,将这场战争神化。战争成了电影,电影成了战争,两者凭借它们在技术方面的共同的失控而变得密切相连。

(1994a:59)

科波拉不只是用被汽油弹攻击的菲律宾丛林和村庄(这本身属于拟真的第二序列)等现实手法再造战争,而是揭示了两个事物——他用以制作电影所使用的过度迷幻感(花费了大量的人力物力,对生态环境造成的过度破坏而得不偿失等)和在越战时期,真正发生过的过度疯狂景象——之间的相似性。换言之,当战争对于过度耗费有着一个实体表现(physical manifestation)时,它就是作为精神过程而发生的;《现代启示录》这部电影就和战争本身一样,是作为战争本身的实体和精神过程的一部分——正如鲍德里亚所说,他们是从"同一块布料上裁剪下来的"(1994a:60)。在鲍德里亚看来,关于这种情况的超真实就在于毁灭和生产之间是可逆的:战争结束了,美国的经济援助立刻到来;电影的摧毁是为了生产其自身。从这两者来看,毁灭和生产是可以互相转换的。

利奥塔

鲍德里亚在对于越战和《现代启示录》的描述中,阐明了后现代的进程,在这个进程中,进步的"宏大叙事"、技术和理性主义被拟真的第三序列的超真实世界所取代:一个过度挥霍、充满幻觉景观的世界。这与让-弗朗索瓦·利奥塔于1970年代末在西方社会做的知识状况的调查——一个名为"后现代状况"的调查是吻合的。与鲍德里亚的愤世嫉俗、辛辣批判相比,特别是鲍德里亚认为超真实的整体效应是为了以危机来证明系统(1983b:36),利奥塔

92

认为肇始于启蒙运动的"宏大叙事"之力量的丧失从本质上来说是一件有利的事。利奥塔认为后现代的1970年代是向新技术而不断推进的,这些新技术侧重于各种语言:计算机语言、交际理论、思想家们的著作中出现了哲学向语言的回归(尤其是维特根斯坦的"语言游戏"理论,或语言模式下的思维方式,以及语言模式在日常生活中的应用)以及相关技术等。然而,利奥塔并不认为以语言为基础的模式会产生超真实,他将这种信息模式分化为拒绝叙事的(如科学)和基于叙事的。这样的划分方法是为了解释一种更为复杂的情况:科学显示出最终将自身建立在更高级的叙事——"元叙事"——基础之上来合法化社会中的进步是通过科学手段而取得的观点。利奥塔认为,在1970年代,"元叙事"的力量正在逐渐削弱,越南战争就是一个很好的例子。人们逐渐怀疑政治元叙事的可信度(越共掌握政权是否象征着共产主义正不可遏制地在东南亚疯狂滋长),科学/技术的元叙事(美国的高科技能结束战争)也受到怀疑。根据利奥塔的观点,伴随着元叙事力量的削弱而产生的是知识分裂进入一个乌托邦的空间,在其中人们能富有创造性地从一个知识领域跳到另一个领域,提出各种奇思妙想(参见 Connor,1989:33)。鲍德里亚的立场则更为阴郁黯淡:他拒斥了这样的观念——只要信息总体上是通过超真实被建构和传递的,这样的一个乌托邦空间就能够得以发展。也就是说,当知识是由模式产生,而这些模式是由政府和媒体掌控的时候,他质疑具有创造性的新理论的基石。鲍德里亚关于超真实如何发挥作用的分析可以在十年之后的关于海湾战争的文本——最终被翻译成英文出版为《海湾战争没有发生过》中找到。

第一次海湾战争

在对《海湾战争没有发生过》的介绍中,保罗·帕顿(Paul Patton)谈到了报道第一次海湾战争时的一个奇怪的时刻:美国有线电视新闻网(CNN)切换到与一组驻海湾的记者连线时,向对方询问发生的状况,却发现对方正在观看CNN的直播来找到他们自己(Baudrillard,1995:2)。这荒谬的一瞬间体现了与现实的脱离以及通过拟真的第三序列所营造的"现实":新闻创造新闻,新闻的来源亦是新闻。这并不是在贬低新闻信息——通常的观点是,第一手新闻报道最接近真实发生的事件,后面的报道就不够精确了,因为这些是基于第一手的报道如此等等。如果有什么的话,没有任何东西去贬低,因为新闻不是由一些单个事件产生出来的。不如这样说,新闻不仅在为观众,而且也在为那些相关人员生产战争的"现实"。政治宣传也因此被提升到了一个新的高度:这并非以不同的方式来歪曲某地正在发生的事情,而更多的是建构即将要发生的事(即预测冲突双方中的另一方的军队将发生的情况),而且它确实就这么发生了。超真实的政治宣传也像冷战,是发生在势均力敌的两国之间无形的较量中的另一种形式的战争。这种争斗是通过对将会发生之事进行展现和模拟来展开的(如末日大决战),准确地说是为了确保一个特定的结果确实会发生:苏联不再构成威胁。

鲍德里亚在《海湾战争没有发生过》中的三篇文章都有同一个意图:为了表现第一次海湾战争是超真实的,并且那个在传统意义上的战争根本从来没有真正发生过。帕顿在他的介绍中,引用了这本书中的重要一段话来说明海湾战争和资本流通有着相同的运行模式:

> 就像财富不再是以排场的大小来衡量,而是以投机资本的秘密流通来衡量,所以战争也不是根据正在被发动来衡量,

　　　　而是根据在一个抽象的、电子的和信息的空间中的推测性的
　　　　发展来衡量的,资本也在同样的空间中流通。

　　　　　　　　　　　　　　　　　　　　　　　　　（1995:56）

94　　在《拟真》中,鲍德里亚认为超真实在实际上是借助计算机软件或
　　者相似的系统而产生的;对于海湾战争,他认为这场战争是由美国
　　人事先计划好的,也就是说一系列事件的展开都是按照计划进行
　　的,所以有那些奇怪之处,如竟然害怕在技术上落后的、最后甚至
　　都不复存在的敌人(伊拉克的精英部队在战争结束之前已经撤
　　退)。但是根据什么该发生、应该会有怎样的反应的超真实的程序
　　规划,这些就都不是荒谬之处了。如果我们把虚拟战争(如电视战
　　争)分析成拟真的第二序列——也就是说反映出了现实和表征之
　　间的界限是模糊的(例如在实践中作用不大的导弹被表现为一种
　　真正的威胁)——那么我们从某种程度上也可以预想到一种带着
　　潜在的启示性结果向“真实”的战争发展。海湾战争的超真实性的
　　依据之一是在于这一事实:这种“发展”并没有发生。它保持在信
　　息空间:“我们不再处于从虚拟到现实之间的一种逻辑,而是处于
　　虚拟对现实威慑的超真实逻辑之中”(1995:27)。对于鲍德里亚而
　　言,除非整个文化(西方)都在向欺骗发展,那么这种虚拟战争就是
　　一种难以解释的疾病症状,换言之,是虚拟现实的产物和“赝品”
　　(1995:43)。从传统字面意义的军事角度来说,海湾战争并没有任
　　何目的。相反战争是关于其本身的——它是自我指涉的行为或试
　　验,主要是为了查看在后现代世界是否可能发生战争:“真正危险
　　的是……战争本身:战争的地位、意义和未来。它不被任何目的所
　　左右,一切只为了证明战争本身的存在”(1995:32)。海湾战争主
　　要的骗局之一是,它是一场“清白”的战争,完全没有流血和痛苦,

鲍德里亚对此的回应是极为简短的一句话"在浮油中结束的、干净的战争"(1995:43)。然而,这也表明了像鲍德里亚这样的批评家可以区分超真实和真实——我们并不会像鲍德里亚最初认为的那样陷于拟真的第三序列的后现代状态中。同时,虽然鲍德里亚似乎希望"事件"会推翻"虚拟",但他也认为所谓的现实或真实是不存在的。那么这到底是怎么回事?我想说的是在阅读鲍德里亚时会碰到的一个问题是,在他作品中的表演性和批判性的结合:《海湾战争没有发生过》既是一个后现代的表演,将超真实逻辑发挥到了极致(因此海湾战争并没有发生,原因在于它只不过是一种拟真),也是一个对超真实的批判(在第 1 章中,鲍德里亚批判了媒体对 1968 年"五月风暴"的表征)。在鲍德里亚的作品中,有时表演性和批判性是相互矛盾的,另一些时候他在思想的极限处写作,一直深入挖掘,直到这些思想在巨大的压力下分崩离析。正是这种极限-写作使得鲍德里亚成为了一位激进的思想家,同时也属于不断将思想推向极限的法国思想家的知识传统中的坚定一员(参见第 8 章)。这种思想的自相矛盾(以及导致思想碎片化的表演性写作)或许就其本身可以被视为后现代的一部分。

尾声阶段——极限

《拟真》中有一个章节的题目是"全景敞视监狱的终结",鲍德里亚在关键时刻有意识地将他自己和他的作品中所采用的理论之间拉开距离,而这个疏远是为了尽可能地贴近超真实的思想。和他一样同样具有"拒斥"或批判精神的两位思想家分别是福柯和德波;鲍德里亚尤其想要突破在这两者身上所隐含的关于"奇观"的道德说教(参见 Debord,1998:99)。随着种种言论和思想的密集涌现,在 1971 年美国的一档旁观者角度的电视纪录片中,这种突破就已经实现了。这部纪录片跟踪拍摄了劳德家族整整七个月,见证了家庭的破裂,不可避免地提出了监视问题、来自于媒体的压力以及观察者对被观察者的影响。鉴于这样一种现象泛滥成瘾,现在凭借现场数码镜头正以不同的形式存在于网络之上,因此再次把鲍德里亚对这种现象的分析加以理论化可能是非常有助益的。

鲍德里亚认为劳德家族的纪录片不仅仅只是关于窥视癖的问题,即景观和观众之间是一种单向关系,观众通过电视镜头来窥探这些对象。相反,由于认为纪录片在拍摄时要装作镜头好像不存在,导演暗示了一个乌托邦的理想状态,在这种状态中景观和观众之间的距离被缩减为零,或者说距离瓦解了。换言之,在这种窥视之下,无论多近地观看场景,透视距离总是存在,或许是一扇窗子隔开了这些对象,又抑或是场景和镜头之间的距离等。可是,如果镜头"不在那儿"的话,也就是说,那么消失的距离也就意味着观者也置身在场景之中:"就是这个乌托邦、这个悖论吸引了两千万观众,远远超出了'堕落的'窥探的乐趣"(1983b:50)。这些观众无论在场或不在场,距离远或近,都享受着超真实带来的刺激:这是超真实的,因为他们无法辨明这个情况是真,那个情况是假(这两种主体所处的情况被同时瓦解和间离了)。一个可以帮助我们理解的类比就是特写镜头:当我们离一个事物太近时,有时会很难辨别出它到底是什么。在这个意义上,我们就不能说自己对面前"真实"的事物有所了解。超真实,与这个类比相比,就像是同时给了一个非常近的特写镜头和一个非常远的镜头。也就是说,不再有第三种标准的现实主义视角。鲍德里亚认为,在诸如色情影视这种电视亚文化中,我们可以感受到这种完全的融合或浸没与异化的分离结合在一起。

在透视空间的瓦解中,鲍德里亚在这个文本里将自己与福柯所运用的全景敞视监狱的理论内涵拉开了距离,因为在全景敞视监狱中,社会是由监视装置所构建起来的,无论它是多么内在化的。在透视空间中,仍然存在着对立的看与被看的游戏;在超真实中,任何家庭都可以代表电视上的劳德家族,反之,劳德家族也可以是任何一个家庭;主动的看见和被动的被看见是处在相同的境况的。另一种思考方式是从去中心性结构出发,随着透视空间的崩塌,想要找到传统模式的权力和服从几乎是不可能的;相反,这里存在着一种地点位置的循环,一切都再次表现为可互换的。例如,具有鲜明特征的现代都市购物区让位给郊区的超级市场,后者的地理空间是可变换的,甚至可以在不合适的地方,因为它几乎可以是任何地方。鲍德里亚说:

> 在劳德家族的例子中,电视不再是奇观的媒介。我们不再处于情境主义者所说的景观社会,也没有处在他们所谓的特定的异化与压抑之中。

> （1983b:54）

这里所涉及的"景观社会"以及与这样的社会保持一定的距离都有着特别的重要性,即使不论他在《拟真》中所做的批评,鲍德里亚在1970年代的另一个互文性的文本中也强调了这一点,以便人们更好地理解他的作品。

景观社会

居伊·德波在1967年首次出版了《景观社会》,该书成为了1968年五月风暴中许多学生和思想家的重要读本之一。这本书在1971年再次发行,从此就定期不断加印,表现出了对这个文本持续不断的兴趣,该文本既是对于西方社会的中肯评论,同时也是很好的历史文献。对于任何一个大量阅读鲍德里亚和其他后现代主义者的读者,都会惊讶地发现德波的论点总给人以令人惊奇的似曾相识之感。他在这样一个命题中提出了他的观点:"在现代生产条件无所不在的社会,生活本身展现为景观的无穷聚集。曾经直接存在的一切都已经变成了表象"(1998:§1,12)。这段话读起来很像是从真实到拟真的转变,虽然在这一点上我们不确定德波的景观社会发生在拟真的第二还是第三序列。实际上,在《景观社会》的第1章中,我们可以发现这本书对鲍德里亚作品的重要性。然而,他们的作品因此就是相同的吗? 如果答案是否定的,那么他们之间的重大区别是什么呢? 为什么最终鲍德里亚会反过来对德波进行批判呢?

在景观社会中,人类具有视觉上的优势,德波认为,这与通过触觉直接进入的真实世界之间有了距离。更糟的是,正因为景观可以被看见——而看见是一种心理和智力活动——这并不意味着景观可以被"改变"或者相互影响:与触觉不同,触觉意味着黑格尔学派观念中的通过物质劳动来作用和转换,景象(sight)依然离这个世界很遥远。在这一意义上,景观是对话的反面(1998:§18,17),我们可以将这一点与鲍德里亚在1968年对媒介的批评相联系(在第2章中被提及)。观者和被观看者之间的距离很明显是建立在这种观点之上的:透视空间以及具体世界中的主体者是与掌权者相分离的。如此一来,德波的景观理论依旧在经典的有权力者与被剥夺权力者相分化的框架之下,这种分离在鲍德里亚看来是已经崩塌的,在超真实情况下以不同状态进行运作的。德波将景观称为"权力的自画像"(1998:§24,19),然而在拟真的第三序列中,我们不再远离景观,置身事外并去观察谁在操纵其本身:情况不再是如此简单。德波认为景观将自我表现为善的一面,但是鲍德里亚认为超真实已超出了善与恶的问题;二者都具有述行性,例如,什么样的作品是"善"的或表现为"善",但是正如德波的观点所表明的,一切变得日趋明显,景观社会虽然在日常生活中将自身表现为善,却被德波批判为在本质上是恶或邪恶。鲍德里亚似乎对于那种基于颇有疑问的"原始"社会观点的、没有被超真实所支配的存在有着一种乡愁似的渴望,但他更没有准备好对真实与拟真的两种境况进行大规模的伦理诉求。在《拟真》中,他表述得很简单,就我们在德波那里所发现的马克思主义的意义上,主体并没有真正地被异化或压迫。鲍德里亚可能并不赞同超真实的每一个方面,但它绝不是在与真实相混淆而表征的意义上的一种"虚假"存在——它是另一种"现实",而且那就是主体所经验到的现实。从某种意义上来说,鲍德里亚从《景观社会》的第一章中获得了主题,并且从结构主义/符号学理论方面将其激进化。

小　结

　　通过水门事件和迪士尼乐园这两个主要的例子,我们发现鲍德里亚所说的超真实是指通过我们所希望的现实模型创造出的一种虚拟现实。鲍德里亚认为以上两个例子都"掩盖"了世界——它已变得既幼稚又表里不一——中所发生的事情。我们在电视直播的越南战争中看到了这样的双重性,从中我们可以联想到福柯的"微观权力"。鲍德里亚对战争和电影的分析与他后来对第一次海湾战争的评论息息相关,他认为在第一次海湾战争中,新闻生产了超真实的战争,作为对战争概念本身的试验。鲍德里亚认为就此而言,福柯和德波的分析都不够彻底,因此他以一种符号学的转折将他们的工作推进到极限。

6

恐怖主义：从人质到 9·11

99

恐怖主义的主题反复出现在鲍德里亚的著作和文章中。在着眼于鲍德里亚在这一领域研究的两个重要内容——人质与 9·11 恐怖袭击，重点围绕被摧毁的世贸大厦——之前，本章将首先探讨他在对待恐怖主义方面的一些方法。尽管鲍德里亚在他对恐怖主义的整个研究过程中都坚持了他的核心观点，但是很显然，在冷战时期的恐怖主义与 9·11 等近些年的恐怖主义之间是有着历史差异的。

上演事件

唐·德里罗 1992 年的《毛二世》一书中的主角认为小说的力量和功效对一个文化的"内在生活"的影响正在慢慢减弱，而恐怖主义的影响却在不断增大："现在制造炸弹和枪械的人已经攻下了这片领地。他们侵入人们的思想。从前作家曾做的一切，我们都集于一身全做了"(1992:41)。在这一意义上,恐怖分子"领地"的概念在鲍德里亚的理论中十分重要。《拟像与拟真》中的论点认为,上演一个假象是不可能的,因为真实已经消失了。鲍德里亚建议我们可以去做一个虚拟的抢劫行动,带上假的武器和一个人质,表演得尽量逼真,然后来看结果:

100　　　　你不会成功:虚假符号之网络不可避免地会和真实的元素混合起来(比如警察真的会立即开枪;而银行顾客会晕厥或者心脏病发作死亡;他们真会把假的赎金交给你),简言之,我们不经意地发现自己直接身处真实的情景中,而这种情景的功能之一恰恰就是吞噬掉所有拟真的企图。

(1983b:39)

拟真被理论化为对于已建立的秩序(秩序构建了可接受的、合法化的"真实")的更大的威胁,正是因为拟真能够揭露出法律和秩序构建的"真实"首先就是一种拟真。这种论调是这样的:拟真的抢劫将会受到惩罚,无论是因为模拟得不成功,或是因为模拟得太成功,但永远不会是因为它本身就是一种拟真。在鲍德里亚看来,这隐含的意义是法律和秩序属于拟真的第二序列("真实"和"表征"彼此模糊),反之,拟真的事件本身属于拟真的第三序列或超真实(没有什么可与之相比较)。但是,为了超越之前对这些拟真范畴的分析,问题现在变成了:如果拟真不能被验证,那么真实也不能被验证。恐怖分子的活动通常以直接的方式影响社会,因为它已经变成了一个预先计划的事件,而媒体会根据预期的演变展开顺序来分析和呈现这个事件(即使是9·11这样具有震撼力的事件,评论家们也迅速开始讨论好莱坞电影已经上演过的9·11了)。然而,鲍德里亚断言,这并不意味着这种活动已经无效了;甚至还不如说,恐怖"袭击"的超真实性已经在散布和重演中变得更加令人恐惧,换言之,从效果上看,这些袭击总是在世界的其他角落再次上演(以表征的模式或过程)。

恐怖活动考验的是社会的极限,社会权力和安全机制的极限以及这些机制在概念上定位的方法。鲍德里亚的早期著作《致命的策略》一书提到,恐怖分子和人质已经无法命名了,也就是说他们处在同质的社会中(已实现的乌托邦的完美典型),而他们的功能就是打断、重新编码和重定向。后现代主义的超真实已经超越了善恶:恐怖分子做的事情是让社会回到伦理结构和事件的世界。然而,这只是一个幻觉而已——是不可能的——因为恐怖主义的"领地"不再是位于社会的边缘,一个断裂或插入点:

> 我们所谈到恐怖分子的作案地点:机场、大使馆、分裂的地区,或者无管辖地区。大使馆是一个极其狭小的空间,在此一个国家都可以被绑架为人质。有乘客的飞机简直可以成为一片地块,在敌人领地的一个流浪的分子微粒,因而几乎不再是一个领地,也因此几乎已经成为了一个人质,因为挟持的意思是把事物从它的领地中扯出来并将之恢复到恐怖的均衡状态。今天这种恐怖是我们无处不在的正常、寂静的状态。

101

(1990b:38)

当代社会的互联性——任何发生的事情都有它的原因(Butler,1999:90)——导致了一个多因素决定的社会,将"安全"问题推到极限,过度追求安全感,结果却适得其反。鲍德里亚理论化了人们越来越需要安全而导致了其反面的三个阶段:第一阶段,"一个相对宽松、分散和广泛的系统状态会产生自由";第二阶段,"一个不同的(更加紧缩的)系统状态产生安全(自我约束、控制、反馈等)";第三阶段,"一个进一步扩散和渗透的系统状态产生惊慌和恐惧"(1990b:37)。这种社会状态的转变的范例可以在任何一个典型的国际机场的历史中窥见:现在的机场用各种探头和其他隐秘的工具来保障安全,这通常被视为对剥夺自由的一种公平交换(乘客和他们的行李都要被扫描和全身搜查,隐私被遍布机场的摄像头侵犯);机场警察也全副武装,然而乘客们对于恐怖分子的焦虑却在增长,即使没有触发,而安全感在事实上转变成了"惊慌和恐惧"。现在,随着对可能发生的负面事件的敏感性不断加强,哪怕是最小的、最普通的对于这种多因素决定的现状的扰乱都变成令人难以置信的恐惧,就像是寂静森林中突然发出树枝折断的声音。响声从何而来?谁制造了它?谁在那里?他们到底是什么?他们到底有多大?这些问题和威胁感知在这个时刻不断加剧。对于鲍德里亚而言,悖论在于恐怖主义利用了这种情境(因为现代恐怖主义沿着这些脉络在构造)而且又被它所中和(因为社会是孤立的、解域的,是从治外法权的、外行星的空间来"操控"的,是作为一个整体被核威胁所挟持的)。恐怖主义被视为现代社会结构的一面镜子。

人质

鲍德里亚关于人质劫持的最重要的文字见于他1983年在法国发表的著作《致命的策略》。在他写作这本书期间,人质劫持曾经广为流行,鲍德里亚在书中列举了诸多案例,其中之一就是1978年3月16日,当意大利政治家阿尔多·莫罗正在组建包括意大利共产党的基督教民主党联合政府时,他被"红色旅"绑架。他被挟持了八周,而意大利当局却拒绝了红色旅的所有要求,最终他被绑

架者杀死。鲍德里亚对此事感兴趣是因为他代表了人质劫持的本
质:人质既不是死的也不是活的,而是一个其未来不定多变、不可
预料,存在着各种机会的人。更重要的是,鲍德里亚认为人质虽然
是因为明确的交换行为而被劫持(为了金钱或释放政治犯),他或
她事实上是在交换之外的(国家不会与恐怖分子谈判,人质在事先
就已经"死"了,或许事实也正是如此)。正是这种"外在"于现代
世界或社会抑或经济的状态激起了鲍德里亚的兴趣,因为无情的
资本主义力量使一切变成"可交换的"方式。那么人质的特别之处
是什么呢? 说来奇怪,答案就是什么都不是。如果人质是社会中
一面举起的镜子,那么他或她揭示的是——在鲍德里亚写作的这
个时期——整个社会都成为了核战争威胁的人质。换言之,冷战
把地球上每一个人变成了一名人质。

从另一个角度来看,鲍德里亚指出,由于对元叙事——即普遍
真理或信念和意义的体系,和/或超越了人类日常生活的事件,比
如"不可抗力"——的信仰丧失,任何人都拒绝承担任何行动或事
件的责任,然而悖论的是,现在每个人都对任何事情的发生具有潜
在的责任:"每一种异常都必须被证明是有必要的,而每一个不正
当的行为也一定得找到其出错的部分,找到其犯罪环节。这其实
也是恐怖行动和恐怖主义:在没有任何对事件共同的衡量标准的
情况下对责任的寻找"(1990b:36)。我们已经看到象征是如何表
现为那种可以质问符号学的总体"可代替性"(或"可交换性")的:
那么"人质"是否是一个象征的实体呢? 要回答这个问题,首先要
注意鲍德里亚在这一时期用以描述现代社会的特别阴郁的冷战观
念,在其中,权力机构也被称为"死亡体系"(1990b:37)——例如,
最终他们支持的核武器系统可以导致生命的全体毁灭。那么人质
是否可能从他们所处的绝境中被挽救,甚至赎回呢? 鲍德里亚对

103

这种想法颇有兴趣,他列举了时任教皇在1977年提出替换摩加迪沙人质的请求。鲍德里亚认为,这个真诚的请求其实是一种对于情境的无心戏仿,因为这将赋予人质所没有的献祭的神圣地位。换言之,人质其实并不具有勒内·吉拉尔所说的"替罪羊"的象征力量(1986)——通过被献祭牺牲来救赎社会环境的暴力——仅仅只是匿名的,是鲍德里亚所说的"群众"的一部分。因而不拥有在西方社会中神圣的"替罪羊"地位——基督——人质是一种无法命名的、匿名的幽灵,暂时性地出没于人的想象之中。对鲍德里亚来说,这一切所揭示的是现代西方社会已经成为"超越政治的",也就是说,超越了主奴辩证法或其他辩证法(如马克思主义辩证法)的政治干预,在"超越政治"中,群众是一种集体的"人质"群体,屈从于毫无意义的命运。

恐怖主义的幽灵

在2001年9月11日,恐怖分子对美国进行了袭击,摧毁了世界贸易中心"双子塔",这次恐怖袭击事件似乎让国际恐怖主义进入了一个新阶段。鉴于鲍德里亚长期以来对恐怖主义的写作,他在2001年10月以此为题写了一篇重要的新文章并不令人感到惊讶;这篇文章最初发表于《世界报》(Le Monde),之后被译成一本英语小册子《恐怖主义的幽灵》。在鲍德里亚看来,以9·11而著称的这一事件不仅仅只是一次对美国的袭击,较为全面地来看,而是一种对"全球化"——一种被认为是代表西方利益的全球资本主义体系——的袭击。鲍德里亚对9·11事件使用了一个特殊的"术语":他把它称之为一个"纯粹的事件"(2002a:4)。为什么这是不寻常的?因为"事件"这个词语意味着某种独特性,某种凌驾于并超出于后现代社会之外的东西。它也体现了某些不能够被"交换"或转

变为一种商品的东西,也就是说,某些东西可以被重新包装或商品
化。换言之,一个"事件"恰恰不再会发生于所有等级制度都被夷
平的,且所有意义都丧失的后现代社会中。那么鲍德里亚是如何
阐释围绕 9·11 事件的大众媒介生产的呢？这样的一种媒介反应
是否是在通过吸引人们观看这个有线电视频道、阅读这一种报纸,而
不是其他频道和报纸来"销售"整个事件？鲍德里亚认为在 9·11 事
件之后的媒介狂热是"对事件本身而言的一种巨大宣泄的证据,以
及它所施展的特殊魅力"(2002a:4)。"宣泄"一词意味着"将被压
抑的思想形诸于意识而使与之相联的情绪紧张得到释放和表达"
(《柯林斯英语词典》)。所以是什么被压抑了呢？具有争议的是,
鲍德里亚认为西方国家压抑了对于这个恐怖袭击事件的欲望。这
又是什么意思呢？

　　鲍德里亚思考了 9·11 作为是一个象征事件的方式,这种方
式是他长期以来理论化的内容。换言之,这个事件破坏了符码的
力量:正是那种似乎要把整个世界变成一种超真实状态的符码。
鲍德里亚认为,当一个系统变得越来越强大,以至于创造这个系统
的个体开始希望要毁灭它。换个角度来说,许多在 9·11 事件之
后的评论家的分析将"他们"("外国"恐怖主义者)定位成与"我
们"(美国人、西方人、基督徒或其他)相对立。鲍德里亚并不意图
把 9·11 事件化约为一个这样简单的分析,所以他避开了这种"他
们/我们"之间的二元对立(部分原因是他意识到了西方社会在本质
上是多元文化的,是由持有不同信仰的族群和人民所组成,从最世俗
和科学的到最原教旨主义者,不管是基督教还是伊斯兰教)。结果
是,鲍德里亚开始思考在 9·11 之前出现的,流行的且在某种程度上
预示了 9·11 的灾难电影以及这样的观念:"对任何既定秩序、既定
权力的厌恶,是——愉快的——普遍的"(2002a:6)。他得出了这样

的结论:由于西方的全球资本主义在权力和影响范围上正在不断扩大,所以从内部毁灭它的意志也在不断增加。这个机制被鲍德里亚所使用的一个最重要的隐喻所简化:自杀的隐喻。换言之,存在着一种西方的"内在的脆弱性"(2002a:8),一种由于过度的权力而引发的自杀性的自我毁灭。鲍德里亚对于这个理论是否有任何的证据? 虽然它大体上只是一个推测,他确实列举了一些有趣的事例:

105
这个系统越是变得全球一体化,最终形成了一个单独的网络系统,这个系统在一个节点上就变得越脆弱(一个小小的菲律宾黑客就已经成功从便携式计算机的黑暗角落,发布了传播全球并摧毁了整个网络的"我爱你"蠕虫病毒)。由于技术效率加强了绝对的死亡武器,这个18岁的自杀式袭击者,引发了全球灾难性的过程。

(2002a:8)

"我爱你"蠕虫病毒

在2000年5月4日星期四,世界各地的白领打开自己的电子邮件账户浏览消息时发现了标题为"我爱你"的邮件和一个附件"LOVE LETTER FOR YOU.TXT.VBS"。点击附件会启动强大的蠕虫病毒——程序代码凭借这种方式进入人们的电子邮件地址簿,迅速地向全球各地传播病毒。该病毒还包含了使它能够通过聊天室传播的代码,它也会同时覆盖每台计算机主机上的文件。追踪至菲律宾的电子邮件服务器,这个代码是由菲律宾黑客所开发的,还包含了一个密码窃取程序。次日,即便主要的反病毒厂商(如赛门铁克和迈克菲)发布了修补,西方媒体仍对其造成的后果大肆报道,并由此预测未来数码恐怖主义将带来的黑暗和厄运。尽管"我爱你"蠕虫病毒并不是有史以来最强大的一个,但它迅速蔓延,对政府和私营企业造成了巨大的损害——因修复网络而丧失的工作时间。"我爱你"蠕虫病毒揭示了人性的弱点,或电子邮件和聊天室的用户们的心理,这使得计算机安全突然变得像一个神话。

所以这里鲍德里亚的论点是,正是先进的技术,例如计算机网络系统,促使西方社会变得更为强大,然而这些异常复杂的网络系统同样是极度脆弱的,可以被个人或一个小组群所摧毁,只需通过使用技术或使技术转而反对它们自身即可。由于在此论点之前,鲍德里亚似乎已经放弃了利用象征的力量来攻击符码或符号学,鲍德里亚以一句著名的表述对此做了总结。他说到9·11是"在广义交换系统的核心里恢复了一种不可化约的单一性的行动"(2002a:9)。他这样说的意思是,9·11事件是超越意识形态或政治分析的,而且它并不如其他评论家所坚持的是一种文明冲突的表现。相反,9·11是一种牺牲行为,它揭示了全球化会进行自我攻击,可以是自杀式,在鲍德里亚的作品中他称之为"碎形战争"(2002a:12)。鲍德里亚对于恐怖主义的分析在许多方面是向前迈进的,因为他认为这是与冷战不同的一种情况,它都是关于郁积和紧张局势的。在被鲍德里亚称作第四次世界大战(第三次世界大战是冷战)的后9·11的新情境里,他认为一种新形式的恐怖主义将要产生,这种新形式的恐怖主义依赖于牺牲的、象征的行为(自杀炸弹袭击者的行动,而不是劫持人质),骚乱理论(一个小事件可以摧毁一个完整的系统),并且力图造成"丢脸"(这意味着一个系统的名声被损害了,或许是不可逆的)。

小　结

　　恐怖主义始终是鲍德里亚感兴趣的话题之一,因为他把这种活动看作试图干扰或动摇在其他方面高度强大的西方社会,无论它是被视作资本主义、后现代或全球化的。虽然恐怖主义可能产生象征行动,在9·11事件中鲍德里亚把这种行动称作"纯粹的事件",他也表示恐怖主义并不总是它看起来的那样,例如"人质"有时也可以指组成日常社会的每一个人。换言之,鲍德里亚用恐怖主义的话题来探讨社会整体被建构的方式。

美国与后现代主义

本章将关注鲍德里亚最具争议的作品之——《美国》,并将表明这块土地是如何对许多关键的后现代概念与问题产生重要影响的。在现代与后现代的城市空间逐渐变为沙漠或加利福尼亚的地震景观之前,作品对它们作了分析。最后,根据美国著名的后现代主义评论家弗雷德里克·詹姆逊,我们以洛杉矶博纳旺蒂尔酒店的后现代体验对这一章进行了总结。

后现代主义的场所

在第5章中,我们看到像水门事件和迪士尼乐园这样的事件和地点是如何展现了一种向超现实的转向,又是如何从更为广泛的意义上将超现实当作定义后现代主义的元素之一,比如可以通过越南战争和海湾战争的经历和表现进行思考。无论从具体位置、参与程度还是看法角度而言,这些事件和经验都主要与美国有关,这点并不是巧合,因为对于鲍德里亚来说,美国就是后现代主义的场所。但是这个单数形式的美国"场所"的概念显然会被一些因素所问题化:国家的庞大规模、它的巨大的文化多样性以及强大的历史和意识形态观念,比如"边境"、"美国梦"或"国际警察",这些因素建构了"场所"的概念,这个概念往往凌驾于其他的问题之上。鲍德里亚对于美国的"解读"在许多方面都与这些因素相交,他有时对之评头论足,有时又对之进行再理论化,但总是根据当地的特性为之,这一特性源于他关于美国的著作都采取了游记的形式(在《美国》和《冷记忆》文本中可以看出)。旅游叙事让鲍德里亚能够同时以天真和敏锐的形象出现,他既是旁观的路人,也是与文化紧密相连的评论家。而鲍德里亚经历美国文化时采取的自相矛盾的态度也使他不可避免地处于崩塌变形的超现实空间中。换言之,他拒绝采取一个"杰出"知识分子的"远距离"立场,站在高处,跳出圈子,在评论与经验之间拉开距离。其他那些不把这样的崩塌考虑在内的,并因其太过天真或太过知性而攻击他的评论家,都忽视了鲍德里亚两种对立的立场同时行之有效这一要点。

边缘城市

最超群的现代空间是 19 世纪以及 20 世纪早期的城市:一个集理性、工业、自由主义和进步于一身的地方。现代城市通常处于庞大帝国的中心,并且在城镇与近郊、都市与乡村之间,又或简单地说,在当代和过去之间创造出一种鲜明的对照。在新的世界里,现代城市自成一体:崭新的建筑技术使得办公和居住空间的"密度"以指数的形式增长,并且未来之城也成为当前现实。这一新的概

念在现代建筑业的发展方式中也显得尤为重要：与其说是陈旧的
建筑技术的进步，不如说是拒绝过时技术的一种突破。自此之后，
采用玻璃和钢筋框架的现代建筑将从这一原初时刻开始发展，又
或利用崭新的技术从零纪年来重置历史。换言之，建筑史将从新
的建筑方式开始，而旧技术被拒斥和摒弃了。伟大的现代主义建
筑师的语言是乌托邦式的，是基于在合理治愈社会弊病过程中的
一种根本性信念。在人们工作、生活以及他们被安置的方式之间
所产生的一种全新的、功能性的关系中，住房现在像一台机器似
地被建造，较之于工业革命初期的不利于健康的工人贫民窟，现
在是重复的、完全一样的住宅单元，有着充足的光源和新鲜空气。
建筑师不仅力求解决像劣质建筑这样由来已久的问题，而且还有
诸如在工业革命之后发生的住房短缺这样的新问题。但是对很
多人来说，这样崭新的功能性的城市空间是让人震惊、迷惑甚至
感到深受威胁的，正如成千上万的人们第一次规模空前地聚集在
一起，处于城市生活密集而紧张的气氛中。瓦尔特·本雅明断言
"担心、厌恶和恐惧是大城市人群在那些最初观察他们的人中所
激起的情绪"（1992：170；参见 Lane 2005）。

　　讽刺的是，这类人群带来的并不是一种共同体的情感而是孤
立感和异化感：城市作为一台机器，将主体放在了自身的城市空间
之中，就像将他/她放置于工厂的生产线。象征性地说，现代城市
代表着力量：它是推动新式美国化工厂的经济学力量（伴随着泰勒
主义原理和福特主义实践），也是控制整个帝国城市的力量。现代
城市是力量的中心，将它们在经济、文化以及道德上的优越感投射
到整个世界。

瓦尔特·本雅明

　　本雅明(1892—1940)可能是关于现代性最著名的理论家之一。他最知名的著作是《机械复制时代的艺术作品》和《历史哲学论纲》。最近翻译出版的是本雅明的一本出色的合辑《拱廊街计划》,这本书像是一座由各种引用、笔记和短文组成的巨大迷宫。本雅明将马克思主义理论和犹太弥赛亚主义联系起来,创造出一系列对于某些学科如艺术、历史、文学、哲学、摄影和电影的独特见解。对于本雅明来说最为重要的作家/先导者之一是夏尔·波德莱尔(1821—1867),波德莱尔以他的诗歌、他对于浪荡子(那些游荡于现代城市空间的游手好闲之人)的理论以及对现代性的新城市空间的评论而闻名。

110

泰勒主义和福特主义

　　弗雷德里克·泰勒的《科学管理原理》出版于1911年,是多年收集与分析时间和运动研究的顶峰之作。这些研究考察了工人们在被安排各种任务时所反映出的行为方式,并旨在提高工厂车间的生产力。毋庸置疑,对泰勒这种思想的广泛应用成为了人们所熟知的泰勒主义。而在工作实践中最为闻名的转变是伴随着底特律高地公园区由T型福特汽车的设计师亨利·福特(1863—1947)设计的生产线的开工运行而发生的。福特以高效而成功的方式直接应用了泰勒主义的原理。然而福特主义的概念则将生产线上的经验和实践延伸到社会存在的各个领域中。

什么让一个城市变得后现代？鲍德里亚对于城市的描绘与波德莱尔有何不同？当他到达纽约时，鲍德里亚是会描绘一个地方，还是会固守一种欧洲人对新世界拜访的传统，以旧世界的意识形态、景象和语言去书写？鲍德里亚问道：

> 人们为什么住在纽约？除了由于他们拥挤在一起的简单事实而导致内部电能的产生，他们之间根本没有任何的关系。一种对于人为向心性的接近和吸引的神奇感觉。这也使之形成一个自我吸引的宇宙，让人们根本没有理由离开。可是除了拥挤在一起的纯粹狂喜之外，其实根本没有任何人类理性留在这里。

> (1988a:15)

在评论波德莱尔时，瓦尔特·本雅明提出了大城市交通所涉及的主题是"一系列的冲击和碰撞"，而最糟糕的是在繁忙而危险的十字路口，"神经的冲动快速而连续地穿过他，就像来自于电池的能量"(1992:171)。此外，"波德莱尔谈到一个人陷入人群就像进入了一处电能储蓄所"(1992:171)。对这一城市经验进行描绘的关键在于这样一个事实，即在这个机械化的世界里，一个人的手势就能触发一系列的后果。本雅明给出了火柴、电话和相机这样的例子。这些都是分离技术（在这个世界上人们不再做所有的体力活），它们会反过来纠缠住那些沉浸于被触发的后果的主体，或者换个说法，城市的技术呈现的是它们自身的生活，而这对那些流连于城市技术机器的孤立的个体而言，变得令人震惊而可怕。与一个现代城市中异化的居住者不同，对于鲍德里亚来说，后现代城市的居住者享受——并不畏惧——人群的"狂喜"，尽管正是这种"狂

111

喜"给了他们一个切身留在城市的理由。这意指着什么？这就是说城市不再是唯一的工作地方,不再拥有曾经的那种集中权力,也不再持有对周边地区和小城镇那么多的统治权。人们不再从周边的农村涌入现代城市,而是在许许多多集两种世界优点于一身的场所建立生活空间。本质上,后现代城市是去中心的和分散的(Delany,1994:4)。因此,现代城市和后现代城市的经验可能会因此表现得相似,但是在城市空间存在的理由中一直存有一个微妙的转变。有两个例子可以说明这种微妙转变:地理位置的变化和表征的变化。保罗·德拉尼(Paul Delany)认为,现代中心由于职能和行动的再生产和分散而变得重复(比如,成为工作以及文化生产的场所,如电视和音乐工业),而周边城市开始获得生机(1994:4)。这些周边城市通常是边缘城市,是陆地与海洋之间的边界土地,它们"形象地说明了这样的生态学原理:最为丰富的生命形式将会在不同居留地之间的边界处被发现"(Delany,1994:19)。悖论的是,像温哥华或旧金山这样的周边城市被分散的同时也被集中,这是因为众多不同文化在这里碰撞相交(但不见得是为殖民统治者积累财富和权力,而是为那些常常处于穿梭过程中的后殖民者创造财富和安全机制)。在《美国》中,鲍德里亚将纽约和洛杉矶描述为"世界的中心"(1988a:23)——这个"中心"是一个矛盾的空间,是以鲍德里亚认为两个不同地方同时占据着世界中心这样一种讽刺的方式被揭示出来的。第二个说明城市空间存在的理由中的微妙转变的例子——与电影和电视相比——可以通过表征来思考。本雅明认为,在现代城市中,伴随着诸如工厂系统和机械化运输系统等新力量机器般地冲击和其他一些进程的冲击,"技术使人类的感觉中枢开始经受一种复杂的训练"(1999:171):

> 终有一天,一种全新而迫切的、对刺激感的追求会被电影
> 所满足。在电影中,以震惊为形式的感知被确立为一种正式
> 的原则。决定传送带上的生产节奏的事物正是电影里反应节
> 奏的基础之所在。
>
> (Benjamin,1992:171)

换言之,在现代城市居民为电影经验而准备的这种如机械般的存在与电影能够训练城市居民(通过新的感知模式)有成效地发挥功能而成为工业城市机器一部分的方式之间存在着一种环形效应。但这如何与鲍德里亚对纽约的描绘相比较呢?在具体比较的时候,鲍德里亚将欧洲与美国的街道相对比。他认为欧洲的街道只是在革命高潮中周期而零星地显现出不同以往的活力,而其他时间则只是输送忙碌人群的管道。但是对于美国,鲍德里亚则用了这样的陈词滥调:美国根本没有相对应的革命性时刻来建立一种更好的点,即街道在其动荡、活力以及"电影式的"状态下总是展现着革命性(1988a:18)。进一步的比较是关于整个国家的,在改变优先于一切的意义上,使之成为了一种暴力(例如,城市发展迅速,但同样也会被迅速地拆除和重建)。但是那种改变的根源——鲍德里亚列出了技术、种族差异和媒介——既不是这也不是那,因为改变的意志简直是无孔不入。问题在于这种改变是否有一个共同的目标(一个现代的终极目标)或仅仅是为了改变自身而改变,最后导致了一系列碎片化的几乎是随机的结果。德拉尼认为遥控器是"最为首要的后现代工具"(1994:5)——因为它与操作过程中产生的最终事件相分离,但更重要的是它与改变相关,就像不断更换频道所产生的无限差异感和最终相似的梦魇(所有自称不同的节目实际上基本是相同的)。不断更换频道产生的效果是信息的丰富性,但说到底这是一种空洞的经验。鲍德里亚把这种经验描述为

113

"自闭的表现"："纽约的马拉松赛跑由于对空洞胜利的无限狂热以及因其毫无结果而言的壮举所引起的莫名兴奋，已经成为了此类盲目崇拜表现的一种国际符号（1988a：20）。代表这种自闭的表现的口号有"我做到了！"，而鲍德里亚将马拉松赛跑后的惊呼与登山甚至登月后的感受相比。所有这些活动的成功，都是由预先知道它有能力或技术去实现这些目标的社会事先计划好的。这些活动似乎有一个渐进的目标，但事实上目标早已"达成"了："实行任何一种计划都会产生徒劳感，而这种感觉来自于你做任何事都只是为了向自己证明你能做到"（1988a：21）。

　　鲍德里亚眼中的纽约是由于依靠现代城市中的能源和电力的"嗡嗡运作"而被带入到另一个快速的非目的性活动或实际目标缺失的层面来释放疯狂的城市。这座城市正在向一种高速、噪音和过度消费的末日状态靠近；由于"完全都是电灯"和无休止的竞争，就产生了一种与自然完全脱离的人为状态：这片土地不再立于自然或蛮荒的对立面。鲍德里亚被那些占据这片土地的人所吸引，他们让他不再只是一名游客或欧洲学者，而更多的是第一次亲身来到或亲眼看到这片远方部落的人类学家：

　　　　令人震惊的形形色色不同的面容，他们充满陌生感、紧张感，就好像都挂着难以置信的表情一般。在古老文化里年长者或死人才被赋予的面具在这里被十几二十岁的年轻人戴上。但这恰好反映了这座城市是作为一个整体的。

　　　　　　　　　　　　　　　　　　　　　　　　　（1988a：14）

在这种本土的死亡面具和加速的文化的视角下，鲍德里亚把纽约几乎解读为一幅超现实主义者的画作或文本；他认为无论云是遮盖人们的头顶还是出现在人们眼前，都是将建筑学与人类主体相

合并,并且利用主体和街道的垂直性和水平性压缩了摩天大楼和
天空的垂直性和水平性。但产生的效果并不是幽闭恐怖症的一
种——而是恰恰相反。除了用欧洲天空的阴沉比之于北美天空的
无垠这样的陈词滥调,鲍德里亚还补充了一个因素:玻璃的摩天大
楼可以反射出这座城市和它的城市环境。然而,通过巨型摩天大
楼反射出超现实空间扩张的方式已经过时了。反过来,后现代城
市的卓越之处将会体现在洛杉矶的水平空间之中,在这里,城市在
其彻底消失之前,以一种自我复制的方式,通过吞噬越来越多的周
边土地而实现扩张:"在已经出现的水平式分解以及即将出现的地
下式内爆之前,纽约是展现这种巴洛克式垂直性、这种离心式的偏
心率的最后一次冲击"(1988a:22)。

《德州巴黎》——或——沙漠

在维姆·文德斯的电影《德州巴黎》中,一个叫查韦斯的男人
从美国的一片沙漠走出,来到一个酒吧,最终由于精疲力竭而倒
下。沙漠似乎洗去了他的记忆以至于他忘记了如何说话。当查韦
斯被自己的弟弟救回后,过去所有的痛苦回忆几乎都被一些家庭
录像唤起了。最终查韦斯再次开口,开始与自己的儿子交流并步
上寻妻之路。这部电影由分歧和旅程组成,在母亲和儿子之间并
不明确的和解中结束,而查韦斯依旧在路上,依旧处于一种永远的
运动状态之中。沙漠和公路电影是美国电影和美国生活方式最显
著的两个标志,因为美国社会在抹去构建新事物痕迹的同时也不
断重塑自己,并且一直在时间与空间里不断前行。《德州巴黎》,正
如影片名寓意的那样,展现着新旧世界之间的分歧和差异,这不仅
是在欧洲和美国的意义上,更是就私人或个体而言的新旧生活。
这种不同地域的并置让电影更有张力,使之横亘于起源问题和重

114

新开始的方式之间,以永远的崭新来抹去过往的痛苦。矛盾的是,真正的古老西部沙漠的景观也是后现代美国中的"最新"之地。鲍德里亚的美国沙漠是电影发明之前的电影式的,也是人类符号系统发明前的符号式的。

115

符号学

　　符号学可以被认为是一种"符号科学"(参见"结构主义",p.15)。尽管它是与结构主义并列的一种方法,但最大的不同是**符号学家追求的是符号以及符号系统中的逻辑规则或准则**。符号学因此是一种更为正式和"纯粹"的方式。然而,鉴于其所有的科学性质的自负主张,例如对通讯系统的分析和建模,将符号学认作一种"伪科学"或理论会更加准确一点。除了极具重要性的费尔迪南·德·索绪尔(1857—1913)之外,查尔斯·桑德斯·皮尔士(1839—1914)也是符号语言学的"奠基人"之一,他将符号科学与逻辑等同(参见 Hawkes,1977:126)。皮尔士系统中最关键的组成部分之一是符号三要素:象似符、标示符和象征符。象似符是指与对象具有相似性的符号(例如一幅绘画),标示符是指与对象有实质性联系的符号(例如烟雾意味着火),而象征符是指与对象有任意联系的符号(换言之,象征符号是通过文化系统构建而成的)。

　　然而,重要的是不能将它们与其他沙漠或地形景观相混淆:

　　　　美国沙漠是一场独一无二的大戏,尽管它没有阿尔卑斯景观那样戏剧性十足,也没有树林或乡村那样让人满怀情感;

既不像尘世的澳洲沙漠那样蚀印斑斑而千篇一律,也不像伊斯兰沙漠那样充满神秘。它纯粹只是有着地质形态上的生动多样,将最尖锐、最柔韧的形态与最和缓、最蜿蜒的水下形式集合在一起——地壳的整个变质以一种综合的、不可思议的删节版本呈现出来。

(Baudrillard,1988a:69)

鲍德里亚十分仔细地区分了这里的各种地质景观,因为他希望揭示这些沙漠之间的区别:即那些经由人类几百年的制图过程以及帝国或殖民地势力的变迁而被纳入神话故事或神学范围之内的沙漠(例如翁达杰的小说《英国病人》中的沙漠)与那些在其中人类主体只是预先存在场景中的一个演员或表演者的沙漠。通过后者来思考的另一种方式是参照文德斯《德州巴黎》中的第一个镜头,镜头从一只鹰的角度俯瞰查韦斯:原来在查韦斯凝视沙漠之前,查韦斯已在沙漠的视线之中。沙漠无论从地质角度还是符号角度来说都先于人类——也就是说,自然并不像一些盲动的力量或上帝的指引力那般呈现在《美国》之中;相反,它是一个地质的符号体系:

116

地质的——因而也能说是一种形而上学的——与普通地质景观的实际海拔相对比。高耸巨大,翻转起伏的浮雕图案,由风、水和冰雪雕塑而成……安然平静地需要几百万年的时间在这儿蹂躏着地表,这样的想法是违反常情的,因为在人类出现很早之前,这种想法就在以各元素之间的一种关于磨损与腐蚀的契约中带来了符号起源的意识。

(Baudrillard, 1988a:3)

在这段对于大峡谷的描写中所凝炼的是这样一种视角,即大峡谷是远超欧洲普通标准的美国地质景观,这依照的不是欧洲浪漫主义的崇高(一种 19 世纪流行的感知景观的方式)而是景观的宏伟——这种地质景观规模庞大而且提醒着人类,他们只是一系列表意系统中的一员罢了。但是在文本中还包含了另外一些东西:鲍德里亚批判了自然/文化的二元对立,通常这些壮美景观就是通过这种二元对立来进行诠释的。他解释说,自然已经有了文化性质,而且文化不得不将其他陌生的表意系统加以考虑(我们之后会在鲍德里亚关于象征的概念中看到)。对自然/文化二元对立的这样一种批判如何成为可能? 又为何需要将它摆在首位?

在肤浅粗略的意义上,我们把现代认为是出于文化或科技目的的对自然的工具性操纵。自然是需要被丢弃和压制的东西,正如伟大的工业产业与城市化的进程携手共同创造了一个与过去完全断绝的新世界。然而,后现代主义将过去再整合到其自身之中,作为努力构建美学上"更为丰富的"体验的一种方式,尤其——或者说更为明显——是在建筑领域。然而,这并不是说,现代主义(参见 p.28)本身就不能成为被后现代主义应用的历史元素之一。这种"再整合"的例子包括洛杉矶的当代艺术博物馆,一栋装饰着一扇巨大弧形帕拉迪奥式窗户的钢和砖材质的大楼,以及伦敦的克罗画廊,它也是泰特美术馆的延伸部分。和克罗画廊一样,泰特美术馆的古典主义风格也反映在绿廊、水池以及棚架的设计中(参见 Jencks,1987:165 中的照片)。

更简单地说,机器美学摒弃了自然、有机的过去,但后现代主义却万分欢迎它。一些拟人化(像人的形状)的建筑结构和后现代的空间架构的例子便能说明"自然"被重整及再引入的种种方式。查尔斯·詹克斯指出,在例如建筑师竹山实和山下和正的作品中,身体形象如何以一种完全直白的方式被应用于其中;竹山实的贝弗利汤姆酒店(1973—1974)就在建筑的里里外外用了阴茎的图像,而山下和正的大脸之家(1974)则名副其实,就是一张方方正正的脸的造型。然而更微妙的是建筑师迈克尔·格雷夫斯的边界模糊的作品,他解构了建筑的界限:窗户、门廊以及整体轮廓。主体从他/她由室内漫步到室外(反之亦然)的转变中,由于所产生的兴趣和这些空间带来的新乐趣而放松舒展下来,因而能够感受到这样一种建筑本身所生动表现出来的自然元素(Jencks,1987:117)。最后,从更广泛的意义上来说,与现代的统一空间不同,后现代空间在赋予自身历史意义的同时,也既在外部又在内部地创建了模糊的边界。詹克斯认为,后现代空间并非是真正有机的,但"是笛卡尔网格的一项精心设计……"或是思维绘图系统(1987:118)。这样的总结是正确的,因为尽管后现代主义能够部分通过有机的形式来整合或构建自身,但这样的过程只是一系列更为复杂的想法和来源的一部分。现代人可能有这样一个概念,即一种纯粹的自然与文化的对立。但通过模糊自然与文化的界限,后现代主义所做的不仅仅是让有机元素进入自身架构中;这表明了在某些方面,有机已经存在于文化中,而且文化本身就已有机化了。因此,这是后现代建筑结构的演变,而不是现代建筑结构的革命。

结构主义人类学家克洛德·列维-斯特劳斯对于这种不可能的二元性的自然/文化做过最富胜名的探讨。在《人文科学话语中的结构、符号与游戏》一文中,雅克·德里达提到了对于乱伦禁忌的结构主义分析是如何导致了自然/文化二元性的批评中的"丑闻"的:"乱伦禁忌是具有普遍性的;在这种层面你可以认为它是自然的。然而这也是规范与禁令体系中的一部分;从这样的角度来说你也可以认为它是文化的"（1978:283）。乱伦丑闻应该是由文化法则或自然法则引发的；然而，它却跳脱于（或者说超前于）这两类体系，因为它并不能被任何一个所"包含"。德里达认为这种有疑问的二元性不可能在哲学范畴中进行彻底地思考，而它又同时立足于哲学。他总结到，这样的二元性或需要紧密的调查研究，或被用作从内部审问思想体系的"工具"。这又让我们回想起鲍德里亚关于沙漠的自然/文化二元性的批判。鲍德里亚对旅游写作中的话语以及对美国大城市、道路及地质景观的评论的运用，不是让自己成为诸多欧洲评论者当中的一员，而是作为在批判其假设的同时又保留话语的一种方式。沙漠对于鲍德里亚而言成为了鲁道夫·加舍（Rodolphe Gasché）所说的"基础设施"；也就是说，它产生了表意系统，却在我们试图弄清它时消失了（参见 Gasché,1986）。

　　以更具哲学性的方式来看，鲍德里亚的游记既是后现代主义的表演也是批评性的论断。不像那些现代欧洲人，他的游记是非目的论的，它是"一场毫无目标的旅行"（Baudrillard,1988a:9）。在西方发现的美国文化形式是地震性的："一种碎形的、有间隙的文化，它是从与旧世界的分裂中诞生的，是一种可感触的、脆弱的、易变而肤浅的文化"（1988a:10）。"肤浅的"意指在表面意义上取代了现代性中陈旧的深度模式（将"内部"与"表面"的知识相对比），而这里的"地震"模式的产生，不仅允许"表面"移动，而且允许它们有着碰撞、分裂以及灾难性毁坏的潜在可能性，与此同时它们作为现世的乌托邦在被消耗或生存。正如鲍德里亚所说的，这是一片"恰好如此"的土地，这意味着地震的可能性都被忽略了（1988a:28）。地震形成的沙漠地质景观是一种"原始景观"，我们必然能从其中解读美国的文化、政治以及性态。沙漠已经是电影式的："你越过的沙漠就像是整个西方的布景,就像是有着满屏幕的符号和公式的城市"(1988a:56)。然而,就像留在空房间里的电视机一样,没有人会因为沙漠具有符号学的重要意义而一直观看它(参见Lane,1999)。鲍德里亚这样说道:

> 我的狩猎区是沙漠、山脉、洛杉矶、高速公路、西夫韦超市、鬼城或市中心,但并不包括大学里的各种讲座。我了解沙漠,比他们更了解属于他们的沙漠,因为他们丢弃了自己的空间,就像希腊人放弃了那片海一样,而我会从沙漠出发,更多地去了解美国具体的社交生活,这远比从官员或知识分子聚会得来的更多。
>
> (1988a:63)

一般而言,沙漠并不与城市或者文化对立;相反,城市揭示出拟真的第三序列会产生一种文化幻想,这大概会最终消失不见而徒留沙漠本身。因此沙漠是一个背景,是一种过去与未来的可能性,也是遍及在美国后现代文化中的一种视野。鲍德里亚称沙漠为"我们神话般的操控者",也就是说沙漠象征着数不胜数的文化形态,就像斯坦尼斯拉夫·莱姆(Stanislaw Lem)《索拉里斯星》中的外星"海",但又并非像基于一系列数学公式而由电脑生成的图像一般,哪怕形态已然消失,沙漠却仍旧实实在在地存在。在某些方面,后现代城市可与沙漠相比:城市的不断改造和空间移动与沙漠的流沙形态和地质构造的消除很类似,但城市也是欲望机器(需求体系在这里产生);而沙漠是先于欲望的,即使它仍旧以先于人类存在的潜在表意系统批判着自然/文化的二元性:"沙漠不过是那样的:对文化的一种狂热批判以及一种绝妙的消逝形式"(1988a:5)。

博纳旺蒂尔酒店

　　有了硅谷先进技术的优势,迪士尼和好莱坞之类的拟真以及巨型的洛杉矶都偏离了城市扩张本身的中心,加利福尼亚似乎彻头彻尾是后现代的。那么主体是如何体验这种后现代性的? 他或她又是如何与这个崭新的居住空间进行互动或发现自己是生活于
120　其中的? 在《俄耳甫斯的解体》(1982)中,伊哈布·哈桑(Ihab Hassan)创建了一张如今被广泛提及的复杂列表,这使我们能够比较和对比现代主义和后现代主义之间的差别。这张列表值得考察,不仅是出于它的知识内容,还出于它的经验方面,因为它描绘的是我们体验这两个不同世界的方式:

现代主义	后现代主义
浪漫主义/象征主义	荒诞玄学主义/达达主义
形式(联结性的/封闭的)	反形式(分离性的/开放性的)
目的	游戏
计划	机遇
等级制度	无秩序
控制/理性	抽空/沉默
艺术对象/完成性作品	过程/表演/偶发事件
距离	参与
创造/整体化	去创造/解构
综合	对照
在场	不在场
集中	分散
类型/界限	文本/互文

聚合轴	毗邻轴
从属	并列
隐喻	转喻
挑选	组合
根/深度	块茎/表层
阐释/解读	反阐释/误读
所指	能指
可读性(读者型)	可写性(作者型)
叙述/正史	反叙述/野史
正式语言规范	个人语型
症候	欲求
生殖化/阳物崇拜	多形态/雌雄同体
偏执幻想	精神分裂
起因/缘由	差异-延异/痕迹
形而上学	反讽
确定性	不确定性
超越性	内在性

（Hassan,1982:267-268）

我们通过纽约看出了一座城市是如何产生潜在的充满欲求的混乱　　121
人群,他们以一种表演式的永恒状态游荡在街道上;我们也看到后
现代城市是如何通过一系列"周边"城区替代单个现代化中心的过
程来实现去中心和分散的。沙漠被理论化为耗尽却拥有潜力的地
方:它只是一种文本表面的形态,能够在无限的飘移中被重新塑造,
正如鲍德里亚所认为的,这样的暂时形态最终都会崩塌。但作为沙
漠与城市之间、独居者与群体之间的某一个中间点的后现代建筑本

身是如何的呢？最能被定论为后现代建筑的是位于洛杉矶的博纳旺蒂尔酒店,鲍德里亚将之推定为俏皮且迷幻的,而弗雷德里克·詹姆逊强调的无非是通过参观整栋建筑而体验到的分离性;所以建筑本身,参照哈桑的列表,是与阐释相悖的,存在着误读的可能性。

　　在博纳旺蒂尔酒店的体验中的重要因素之一是发现建筑未能与当地的城市环境产生互动:从物质形态上说,它没有单个的大厅入口;而从视觉上来说,由镜面玻璃铸成的五座巨型高塔矗立在那里,整座城市都被自己反照。酒店以这种方式与整座城市脱离,并未使它凸显出不同和优势(例如可能会出现在现代主义新建筑语言之中,现代主义建筑被强制地放置于传统的城市空间中);相反,博纳旺蒂尔酒店是一座微型城市,在对所有的城市设施和场所的完美再现中体现了整体性(Baudrillard,1988a:60)。詹姆逊认为建筑与城市之间的现代性分裂是"猛烈的、可见的并且有着非常切实的象征意义",这导致了退化的城市结构向现代乌托邦式空间的预期转化(1998:12-13)。然而,博纳旺蒂尔酒店并没有这样的想法或意图;它对城市的反映暗示着对周围环境的接受,从这个意义上来说,我认为它在形象和景观的层次上确实存在交汇面。

　　当主体进入建筑中便会立马感到一种困惑,因为他或她像是置身于一个未定义的空间之中,比如找到前台都要走上好几个方向。鲍德里亚指出人们"无法捉摸它的内部空间,但事实上它并不神秘"(1988a:60)。后面的说法是十分重要的,因为它让一个人的体验变得"虚无",缺乏具体内容:整座建筑就是一个"时空魔法盒"(1988a:59)。这是一种超现实主义的建筑,是一系列的时空拟真,这意味着人们会发觉自己在正确的时间处于一个错误的地方又或在错误的时间处于一个正确的地方;这些戏法因此主要通过使人

们迷失方向来起作用,甚至是在进入建筑时就开始了:

> 博纳旺蒂尔酒店的入口似乎在侧门,而却是在后门:后面的花园可以让你进入大楼的第六层,即使到那儿了你也要走下一段阶梯才能找到通往酒店大厅的电梯。同时,在费格罗亚,人们仍不禁会认为是前门入口的地方让你和行李等所有东西进入二楼阳台,你必须从这里乘坐下行电梯才能到达主登记台。
>
> (Jameson,1998:12)

尽管这栋建筑有许多垂直的构成部分,它的构造仍像是重写本一样——一层又一层——人们不得不在其中绕来绕去就像是身处迷宫一般(参见 Lane,1993)。这些层面以"非逻辑"的方式互相连接在一起,破坏了水平和垂直构造间的关系,这使我们感受到建筑的体积之大:

> 如果似乎从前对你而言,在后现代画作或文学作品中可以明显观察到的深度的压抑感必然难以在建筑本身中体现,那么可能你现在会愿意把这种让人困惑的沉陷看作它在新媒介中的形式对等。
>
> (Jameson,1998:14)

詹姆逊认为人类并没有进化出一种感知装置来对付他所谓的超空间。我认为,随着虚拟现实技术和标准网页使用中的超链接(用户点击网页中突出显示的一段文本,网页便会自动跳转到其他站点)的出现,这样的超空间也不再成为问题了。伴随着建筑本身游戏似的扰乱和失望,以及它使人失去方向的技术和对认知绘图技能的攻击,真正游走于博纳旺蒂尔酒店大楼里的任务变得和电脑游戏一样,在其中用了"关卡"的概念,来表示它们在很大程度上相似但也会逐级增加难度,而并不是为了说明壮丽的摩天大楼那远不止在二维上起作用的现代垂直性。

123

博纳旺蒂尔酒店实现了乌托邦吗?无论从其玩游戏的潜在可能还是它仅有的危险——似乎就是从酒店入口到达登记服务台的小小困扰——这方面来看,这座迷宫——但却是自我封闭而安全的微型城市——是否就是完美的城市环境?这座酒店是一座居住式的购物商场,它将所有的疯狂之举都拒之门外(酒店的安保系统在这个说法上已经取代了那些无法维持城市空间中法律与秩序的政府警察部门)。但对于鲍德里亚来说,这种完全净化无害的环境其实是一种死亡的标志:乌托邦的实现是对斗争以及生成的否定;这便是奥斯瓦尔德·斯宾格勒在《西方的没落》中所称的已经生成的(the become)或处境困难的(hard-set)。美国却回避了问题的实质:当一切都可解决时你会去做什么?(Baudrillard,1988a:30)。一个社会的完善也就是它的终点。然而,可以说这似乎与像博纳旺蒂尔酒店这样的俏皮天性相矛盾,也与这样的事实——在建筑中所玩的游戏就是它们的"意义"所在——相矛盾。同样,后现代的新空间及体验并不一定像鲍德里亚理解的那样完美。后现代美国制造了非领土性的武器;也就是说,在物质上对一个敌人弹如雨下,而在电子方式上,通过电视轰击整个世界的武器(Baudrillard,1988a:49)。詹姆逊将这一概念进一步深化,在后现代建筑的全新感知空间与它的相似物——后现代战争——之间建立了直接的联系。在越战中,战地记者宏大的叙事方式不再能够起作用了,因为这一举动是精神分裂的(在"实时实地"与在虚报死亡人数和电视公告的虚拟现实中发生），是民族主义的意图和理论的猜想（如果越南失败，多米洛理论则将通过共产主义政权导致西方倒台），也是那些热衷于一系列消遣性毒品，作为一种方式来应对加诸于他们身上的疯狂需求的战争者们。对于詹姆逊来说，这个问题就变成了寻找一种实际上描述这方面体验的新话语，从而将发生在博纳旺蒂尔酒店及其他这样的建筑中的事物与后现代战争领域中相关的一切联系起来；这种话语就在越战记者迈克尔·赫尔的《深入报道》一书中出现：

> 这部作品中出色的语言创新力可能会被折衷地认为是后现代的，其中它的语言十分客观地融合了一系列当代的集体性的个人语型，尤其是摇滚语言和黑人语言，但是这种融合是由书中内容的问题所决定的。这个第一场可怕的后现代主义者的战争是不可能在任何传统战争小说或电影范式中被记述的——但确实，伴随着共同体验的破坏，所有之前的叙事性范式的失败成为了这本书的主题，也可以说这开辟了一种全新的自反性。

124

> （Jameson,1998:16）

赫尔通过"集体性的个人语型"来建立他对战争迷幻般的描述的方式——即从流行文化中吸取的语言或话语——与博纳旺蒂尔酒店跳出了美国建筑的本土行话而创建了它的建筑符码相类似（诸如入住于普通酒店这样的普通日常体验就会被彻底瓦解）。就像用白话/个人语型创作一部真正伟大的美国式文学作品，例如马克·吐温的《哈克贝利·费恩历险记》，后现代建筑使得"乌托邦的实现"和"现代的启示"处于一种张力状态——它们是同一枚硬币的两面。

小　结

在这一章中我们可以看到,对鲍德里亚来说,美国为何是后现代主义的场所。鲍德里亚对美国沙漠的符号学的设想使我们能够理解他是如何理论化现代主义和后现代主义城市空间和经验的。我们也看到,去中心的后现代城市将有机和发展一体化,而与此相反现代城市却抵制自然,并且是一种革命性的空间。另外通过洛杉矶博纳旺蒂尔酒店的后现代体验以及"后现代"战争的动向与迷失这两个例子,我们了解到鲍德里亚的作品是如何与像弗雷德里克·詹姆逊这样的批判理论家息息相关的。

写作策略：后现代表演

本书的最后一章将探讨鲍德里亚的写作策略——即他在自己的作品中大量反复出现的话题与概念。本章特别审视了鲍德里亚被视为表演片段一般的但内容空洞的后现代书写的方式，以及为什么会是如此风格的原因，鉴于鲍德里亚在现实中有着极为深厚的哲学和理论背景。本章主要研讨了虚无主义，鲍德里亚既作为后现代主义的批评家又作为其捍卫者的矛盾地位，以及他后来的写作是如何变得越来越富有试验性和趣味性的。

模拟疏散（simuvac）

在美国后现代小说家唐·德里罗的《白噪音》一书中有这样一个场景，某个美国中部小镇的居民正在模拟一场重大灾难，这是为发生"真正"的灾难做准备。具有讽刺意味的是，"真正的灾难"在"毒气事件"中已经发生了。主人公问道："你们确定想要模拟（灾难)？或许你们是在等待一次更大规模的泄漏,这不过是耗费你们的时光罢了"(1986:204)。人们对毒气事件的反应是混乱的、随意的、可怕的,而对它的模拟却是有序的、有组织的、平静的。那家掌控了整个模拟疏散过程的私人咨询公司强调了一种基于神话的"逻辑"的重要意义:"模拟的灾难越多,我们在面临真正的灾难时就会越安全。生活就是这样进行的,不是吗?"(1986:205)。以忘记带伞去上班,而那天又恰好下雨为例,公司负责人认为,这种"机制"将被其他人普遍"使用"。这意味着模拟所产生的"真实"在一定程度后会饱和,直到"真实"被否定或被中和(换言之,即变成"超真实")。《白噪音》是一部对"真实"突然侵入超真实(如真正的灾难干扰了灾难模拟),以及对超真实突然侵入"真实"(如主角受到死亡的困扰意味着某种在真实世界的事物)充满恐惧的小说。事件只有与媒体反馈和表征相关或通过媒体反馈和表征,或者与当时媒体世界中所发生的事件相关(如肯尼迪总统被刺杀)才能够被考量。这里存在着一种对于任何非本真性之暗示的持续挑剔,角色之间总会互相戏谑,其内容则关乎信息过载与对世界和生存于世的无知之间的脱节。与此同时,各所大学的教授正蛰居在大学城里,对流行文化、超市和美国历史进行着各种符号学分析。批评家们似乎对《白噪音》表现出比鲍德里亚的《美国》更大的兴趣和热情,虽然它们涉及的文化领域在很大程度上是相同的,但前者剔除了在后者中出现的以欧洲为中心的刻板印象。鲍德里亚的《美国》(或其他作品)中的一个主要问题就在于突破了德里罗小说里的后退的立场,也就是说虽然德里罗的作品"准确"地描绘了美国的后现代社会,但从本质上说,它们仍被归为"小说"一类,因此可以被嘲笑、被拒绝、被接受等,确信它们可以被批评,可以回到"真实"的非虚构世界。而粗略地说,鲍德里亚在《象征交换与死亡》之后,就拒绝在虚构与纪实、或小说与学术文本之间作出精细的区分。

虚无主义

在《拟像与拟真》中一篇关于虚无主义的短文里,鲍德里亚写道"我是一个虚无主义者"(1994a:160)。这个陈述是如此直接和肯定,却被生产这个陈述的文本所解构。鲍德里亚的声明可以被概括为:"如果虚无主义是'x',那么我就是一个虚无主义者。"但这只是暂时确定了在这个虚无主义已经"完全实现"(1994a:159),且同时是"不可能的"(1994a:161)后现代世界里,虚无主义者究竟意味着什么。对于鲍德里亚完全是一个虚无主义的后现代主义作家(而不是一个更加严谨的学者)这样的指责,必须要和前文中提到的《拟像与拟真》一书里的短文相联系,从而判断是否能用这种直接的方法来定位鲍德里亚文本中的论调,并且指控这样的论调/主题/鲍德里亚是某种消极类型的作家。

127

虚无主义

虚无主义是抵制权威、体系、信念(尤其是宗教信仰)与价值的一种极端形式。它也可以被定义为由于其自身缘故的一种革命性毁灭,因此也是恐怖主义的实践或传播(《柯林斯英语词典》)。要说"我是一个虚无主义者"就必须形成这样一系列联系,要在思想上与德国哲学家弗里德里希·尼采(1844—1900)的相关作品保持高度一致,尼采在他的文本中断言"上帝已死"。正是尼采对于*它们自身*就是虚无主义的信仰体系进行了最为持久的分析。

当我们思考虚无主义中对于"更高价值"的拒斥,如否认一个神或者宗教体系,那么我们在指涉一种"反应性虚无主义",即"更高价值"的统治地位遭到了反抗。但有另一个先于这点的立场或视角:"更高价值"认为它们优于生命本身("超感觉"对"感觉"),贬低或否定生命(Deleuze,1983:147)。这就是所谓的消极虚无主义。德勒兹认为:"(在消极虚无主义中)本质与表象是相对立的,生命变成了表象。现在(在反应性虚无主义中)本质遭到了否定但表象得到了保留,也就是说,一切都只是表象"(1983:148)。我们也可以这么理解,在消极虚无主义中,人类的"本质"(如灵魂或精神)被认作是"真实"的,但是"表象"或世界是如何表现为一个存在的(参见 Nehamas,1985:45),则被认为是虚假和堕落的。在反应性虚无主义中,"本质"(如人类的圣灵)遭到否定,世间万物都是"表象"或对于世界的看法。反应性虚无主义的世界中的意义是基于人性而产生的,并非由于那些先于或超越人类的某些存在而产生。对鲍德里亚而言,后现代性是"表象"的一场表演,也是对象征意义的破坏(1994a:160)。他认为,后现代世界中我们参与了媒体一手策划的空洞且无意义的表演(如在偶然中的表演,以及播放预先录制的信息、音乐或软件中的表演)。鲍德里亚把这类媒介表演称为一种"透明性",因为其中的所有价值观念都彻底沦为了"冷漠的形式"。想象一下广告吸取和反刍那些看似先锋派的激进形式的方法,因此试图挑战整个美学系统的一件艺术品可以被用来在电视上为某个小玩意或护发产品做广告。一个透明化的体系就是指,在这个体系中先锋派可以被中和为一种风格、时尚或流行,这也就意味着试图在艺术上挑战任何体系这一行为都是无意义的。在这种透明化中,理论家要如何施加影响或写作? 鲍德里亚认为批判性分析本身已经变得不确定且充满偶然性(1994a:161)。在

此意义上,虚无主义便不再存在,因为它依然是对于"存在"的一个
固化的理论或批判性分析。

"我是一个虚无主义者",《论虚无主义》一文中的叙述声音如
此说。但说这句话的是叙事者还是主人公? 某个在后现代主义之
外或超越后现代主义的人……或在后现代主义内部的人,即通过
后现代主义来书写后现代主义? 那个声音说道:"我是一个虚无主
义者",但是虚无主义要用某些特定方法来定义:首先,看着"大众"
被卷入另一个自相矛盾的概念,而这个概念有着加速的惯性,并使
这个自相矛盾的论点在它的分析中占有优势地位的是否是虚无主
义;其次,痴迷于某种破坏或意义的消失是否也是虚无主义
(1994a:162)。但以这些附加条件成为虚无主义并不是要成为怀
旧主义。相反,在这种怀旧背后实则是有一种更为严重的忧郁症
状,这点我们可以在其代表人物,如瓦尔特·本雅明身上找到,他
感叹在纳粹和战争的现代世界中意义的毁灭。鲍德里亚的人格特
征在这一点上对这种忧郁症有着深深的认同感。

写作/阅读策略

鲍德里亚的写作生涯被认为是对超真实和象征系统缺失的一
种广泛批判,但他本人却常被认为是一个后现代的捍卫者或是一
个后现代虚无主义者,对此,我们应当如何看待? 纵观这个文本,
有证据表明很多关于鲍德里亚的反应是与其写作风格有关的。因
此当克里斯托弗·诺里斯(Christopher Norris)称鲍德里亚是"当今
后现代主义场景中一个令人崇拜的偶像,是一些极其愚蠢却在法
国智识风潮的追随者中占有一席之地的思想的传播者"(1992:
11),他是在刻意强调鲍德里亚作品的风格方面。鲍德里亚受到批
判的原因在于他不过是个"偶像",而他的追随者并不是真正的思

129

想家,他们追随的只不过是最新潮的智识"风潮"(更糟的是,从英语的角度来看,他们追求的只是"法语"风潮)。然而,鲍德里亚对这种滑稽的现象负有部分的责任,因为他正是在风格或风潮层面将自己定位成一个知识分子,同时又在"超真实"的局限性内进行写作。正如布莱恩·特纳(Bryan Turner)所指出的,有些书比如《美国》和《冷记忆》冒犯了很多学者,特别是像卡利尼科斯(Callinicos)和凯尔纳(Kellner)这样的严肃学者[他们都强烈批判鲍德里亚],因为它们在政治上是不受约束的、异想天开的和毫无深度的"(Rojek and Turner,1993:152)。但与诺里斯不同,特纳这样说并不是在批评这类文本,恰恰相反他把这些文本描述成写作策略。如果我们回到第7章所讨论的《美国》,我们会发现鲍德里亚的写作风格更类似于游记,类似于美国的公路电影。还有另一个比喻可以用来描述鲍德里亚的写作风格——那就是"漫游"。正如特纳指出:

> 漫游是一趟为了寻求快乐的旅行或航行。这是一场微不足道的游历……漫游是无意义、无目的、徒劳的。它不会留下任何痕迹、证据或存档。它不是用来诠释的,它是后-人类学的。"
>
> (Rojek and Turner,1993:153)。

鲍德里亚并不是仅仅对文化形式进行分析,而是通过对这些形式的重复来探索文化形态:他的文章都是具有后现代性结构的文化事件。特纳将他的写作与1960年代同期躁动的美国式写作做了如下比较(参见 Lane,1999):

> 鲍德里亚和凯鲁亚克都通过美国文化的闪光点(如通过车载屏幕、后视镜或地铁看到的亮光)对整个社会进行了一番

"阅读"。车载屏幕和电视屏幕也有许多共同之处,乘客和电
视观众一样,在一闪而过的琐碎景观和场景面前,他们都是被
动的、冷漠的、享受的或许也是兴奋的。

(Rojek and Turner,1993:153)

作为读者,我们应如何理解这段旅程呢? 倘若作为"严肃"读者的
立场,我们不会像看电视节目或小说那样看待鲍德里亚的作品,而
是希望从他的作品中得到一些学术内容吗? 或许阅读鲍德里亚对
于某些人而言并非一个问题,因为他们过于卷入他们自己的后现
代世界的经验性质中? 又或者其他人是否必须在阅读这些作品时
发展特定的阅读策略来应对文中所使用的写作策略? 麦克·甘恩
表明,作为一个"理论的极端主义者",鲍德里亚的思想已经达到了
逻辑极限,但读者需要一些"基本协议"或掌握特定规则来解读并
理解最终的作品。对于鲍德里亚作品的阅读大致可分为以下若干
阶段:第一阶段,读者因"徜徉"在鲍德里亚的作品中而被迷惑,丢
失了自己的判断力;第二阶段,情况逆转,读者对鲍德里亚作品的
批判变得苛刻;最后阶段,由前两种极端的阅读转向一种较为平衡
的阅读(Gane,1991:7-10)。甘恩认为第一阶段和第二阶段通常暗
含着一种潜在的、自我毁灭性的"精神错乱",他的这种情形令人联
想起萦绕在尼采的作品中的恐惧(这种"疯狂"是传染性的)。然
而,最终能达到"平衡的阅读"这一说法,并不能为读者一开始的
"精神错乱"提供合理的解释。甘恩在许多攻击鲍德里亚作品的批
评家,尤其是马克思主义思想家的面前,如此解释说:这种"疯狂的
阅读"可以有效地被拓展并与讨论中的作品的本质相符合。

回到特纳对鲍德里亚写作风格的分析,我们可以更密切地关
注鲍德里亚的文本与所描述的超现实之间的类比。在他对鲍德里

亚后现代"漫游"式写作策略的分析中,特纳认为要注意以下四个技术要点:

> (1)风格/形式优先,内容和主题可转换;(2)任何"信息"都是通过不断重复来建构的,这将最终导致"意义的爆炸";(3)文学夸张手法(为了效果的夸大)变得类似于"超真实";(4)文本的顺序(线性发展)被独立自足的部分取代,即可以按照任何顺序阅读。

> (改写自 Rojek and Turner,1993:155)

131　上面列举的这四点,或其中稍作修改的一点,可以被用来作为《象征交换与死亡》一书之后几乎所有文本的指导,尽管早期严肃化/后期戏剧化作品之间存在严重的分歧,我们仍不可无视这样一个事实:鲍德里亚在他的全部作品中所谈的一系列问题都是相关的。虽然在他的后现代写作风格中,鲍德里亚在分析性的文本里使意义的传统位置有些错置,但那并不会导致一个无话可说的"无意义"文本。

是否终结在即?

对于终结的缺失或拒斥曾是后现代主义最著名的方面之一:开放性、持久的游戏、视角的多元化、产生某些全新的东西的无尽机会。那么,后现代主义又将如何在一个宏大的历史性尺度上去解释或处理各种事件,如"大爆炸"或"千禧年"呢?关于后者,抗击灾难的理论大规模出现在媒介并广泛传播,从弥赛亚和对于某种精神类型的天启式预测,到对于千禧虫的陈腐的日常启示(微处理器),或许在20世纪最后20年中,人们对电脑病毒的忧虑取代了早期对细菌灾难的忧虑。但是对鲍德里亚而言,还有更加糟糕的事情在等待着我们:那就是我们将永远无法抵达"终点":"威慑获得了成功,那就是人们将被迫接受'不再存在终点',不会再有任何终点,历史将永无止境"(1994b:116)。往昔人类错过了"大爆炸",如今人类也将在"超真实"的运作中错过"终点",人类将经历渐进的、乏味的、不断复古的历史,并通过对于事件拟真的返回来渴望一种追溯性的赦免。这种对于终结无休止的延迟——通过回避真实(例如,威慑导致我们开始害怕身处于模拟核战的虚拟现实之中,以及之后这些恐惧渐渐消失,还有权力的经济平衡的转变)——不会导致历史的停止,反而会造成它的"逆转"。鲍德里亚认为在 1980 年代的某个时间,"历史朝相反的方向发生过逆转"(1994b:10)。他用卫星体的空间隐喻对"时间的最高点"进行了理论化,认为线性发展将很快到达它的最大极限,巨大的引力将促使时间快速逆流,如同卫星返回地球一样:

> 我们正面临着一个逆转的矛盾过程,它是现代化产生的逆转效果;由于已到达特定极限并消除所有实质发展,一切都将在这个循环往复和动荡的灾难性过程中被分解成简单元素。

132

> (1994b:11)

因此,即便我们试图恢复过去的战争的真实性,譬如第一次海湾战争,也无济于事:我们所拥有的不过是凭借着"拟真"的现代法则和开始一个"世界新秩序"的拙劣尝试而运转并被解读的战争。鲍德里亚认为在我们返回的渴望和这种历史逆转的背后是我们希望知晓是哪里出了问题,在此我们不知不觉进入了一个空洞的拟真世界:"然而,那些较早的形式将永远不再以原来的面貌重现;它们无法逃脱极度现代性的命运。它们的重现本身就是超真实的"
(1994b:117)。从许多方面来看,《终结的幻觉》成为鲍德里亚最具
自我反思性的一部作品:象征的缺失是无法通过怀旧来感知的,因
为鲍德里亚会尝试逆转历史;他不仅仅在事业中进行共谋,他也可
能被替代品所欺骗或诱惑。但鲍德里亚试图寻找我们从象征滑向
拟真、从"真实"滑向符号的时间"点",而且,在许多方面,他的整体
事业可以用对这种滑移的勾勒和幽默的描述来总结。

拟真的第四序列

　　然而,在鲍德里亚后期作品的领域中,给人的一种感觉是其超
越了之前所建立的拟真的第三序列。这是怎么可能的? 这又意味
着什么? 一旦"超真实"被全盘纳入考虑范畴,那么,如同麦克·甘
恩所说,"之前社会知识中的那些用以保障存在成为有机整体之领
域的稳固范畴都被破坏了:知识、经济、政治、宗教、性、文化,甚至
是人类本身"(2000:43)。鲍德里亚把拟真的第四序列级称为"碎
片阶段",因为在这个阶段,一切指涉意义都遭到了消解。甘恩接
着写道,"新状况并非是真实、拟真与想象之间的冲突,而是复制、
重复和转移的过程"(2000:44)。鲍德里亚针对第四序列的不同的
方法意味着为第四序列提供条理清晰且稳定的理论是不可能的。
正如威廉·波利特(William Pawlett)所说,"相反,鲍德里亚发展了
一系列互相关联的主题与概念,以不同的方式来说明第四序列,例
如透明性、邪恶、完美的犯罪、交换的不可能性以及诗意的转移"
(2007:108)。但波利特把这些新方法称作"思想的实验"(2007:
108),将之设定成一系列的平行策略,这超越了标准的学术批评中
的主体—客体的立场。换言之,作为把握第四序列的方法,作者或
思想家不得不接受这一点:与知识、社会和"现实"进行交流的旧式
方法早已不再存在了;人们在后现代世界的第二次生命中不得不

成为一种化身(avatar)。换言之,能够进入第四序列的唯一方式就是产生一种鲍德里亚称之为的"激进思想",鲍德里亚在《完美的罪行》这部作品中将这种思想称之为"在意义与非意义、真理与非真理、世界的延续性与虚无的延续性之间的暴力交集"(1996:97)。此外,如同我们之前所见,这看起来似是虚无主义的,但用一个更为确切的词来描述这种方法则是"对抗性的"——不是在仅仅以一种思考模式来对抗另一种模式的意义上,而是指在超真实中策略性地颠倒和干扰任意性符号的无缝网络。如果这种战略性反抗足够成功,那么"思想"会获得"事件"的地位而成为一种独特性,例如9·11事件的独特性。这里,鲍德里亚的思想存在着某种转变,从早期对物体系、消费主义和马克思主义的客观分析,转向关注对"激进思想"中所蕴含的"诗性的独特性"(1996:103):

> 在追寻一个客观现实及其诠释的方向上,激进思想对于世界上的一切解决之道而言是陌生之事物。它不解读,而是在做拼字游戏。它传播概念和想法,并通过自身的可逆顺序来考察意义和意义的虚幻之感。……是编码,而不是解码。打破幻象。创造幻象来制造事件。让清晰之事物变得神秘,让完全可以解读的事物变得晦涩,让事件本身变得不可理解。对世界伪造的"透明性"的强调会散播一种与此相关的恐怖主义的困惑,当然,也可能散播激进幻想的萌芽或病毒。
>
> (1996:104)

所以,鲍德里亚在这里所使用的策略并不是后现代主义的,而是破坏后现代主义的;如同波利特和其他人所指出的,其中包括了使用譬如警句格言(这恰恰是现代主义的手法)等方式让鲍德里亚去解构一元化的主体的这种观点。换言之,鲍德里亚采用了多重化身,多重身份,这是一种消失的模式,正如波利特所认为的:"作为一个

134

一元化的作家或博学主体的鲍德里亚'消失'了。他消失在相互抵触的不可调和的假设之后,变成了碎片化的、格言式的反思"(2007:108)。

鲍德里亚用以描绘第四序列的(一种)重要写作策略是反讽。反讽不仅是用一种语词讽刺式的方式来表达正话反说,而且是揭示事物的实际情况与所期望之间的一种根本性的不一致,或是表示这种不协调性的一种情况和结果(《柯林斯英语词典》)。在《冷记忆》中,鲍德里亚所描述的"小小的灾难场景"就可以视作反讽的一个范例。当鲍德里亚在警察局报失他的法国身份证时,他丢失了护照,同时,他被警方告知,护照并不是"真实的存在证明",而只是一种过境证件(1990a:173)。在这个过程中,鲍德里亚还发现他的汽车在四年前就被记录为"被盗",而这些年来他一直在无证驾驶这辆被盗的汽车。上述经历导致他开始思考一个贯穿他所有作品中的一个问题,那就是:"我是谁?"这个故事有一个美好的结局:最终警方不仅消除了他汽车的被盗记录,而且在此期间他的交通违章也被消除了,他的身份文件也得以归还,一式两份。在这个幽默的轶事中,更加严肃的方面就存在于其中的一系列反讽里:一个人的身份不是在于这个人本身的存在,而是在于官方创建的身份文件和数据库之中;如今电脑控制了人的"生死";而这个故事的最后解决方式——两套身份文件——使得鲍德里亚出现了一个分身或他自己的复制品。换言之,鲍德里亚的身份并不是以他所知道的方式存在的,它竟然以副本的形式出现了。在一系列反讽中的黑暗面是以幽默的形式进行的,但在其他地方,反讽的黑暗部分依旧存在。在《密码》一书中,鲍德里亚以克林顿事件为例,探讨了美国在肃清商业和政治中所包含的反讽。他认为:

> 通过谴责一种对正义的扭曲——近乎于对庄严誓言的违背,法官推动了美国"公正光明"之形象的构建。受益于一种

被强化的道德权力,他们也因此可以剥削世界上的其他人(即便是以民主方式)。

(2003:34)

另一种严峻的反讽在科技发展的过程中可以见之:鲍德里亚认为科技并没有成为"人类及其力量的延伸"(1996:71)(此处影射加拿大传媒技术学家马歇尔·麦克卢汉),技术正在统治世界。试举数例,如产生存在的虚拟状态、操纵监控网络、控制复杂的武器系统等。事实上,鲍德里亚将反讽视为一种由人类控制转向机械控制的过程。人类将被技术和物取而代之,也就是说它们的出现是为了一件事——譬如从工作中解放而获得自由,用电子邮件来代替手写或打印的蜗牛般的邮件——但结果恰恰相反——譬如由于电子邮件每天四处散播,人们反而需要处理更多的工作。然而,悖论的是,反讽是在第四序列中人们用以抵抗世界的一种策略。这也是鲍德里亚的"激进思想"策略所产生的矛盾中的一个很好的例子。为什么会产生这样的矛盾和悖论呢? 那是因为第四序列的现代世界本身就是极度矛盾的,激进思想正是通过使世界与自身对抗来反抗第四序列。如同鲍德里亚在《致命的幻觉》中所说的那样:"挑战和应对这种事物的矛盾性,我们需要同样吊诡、矛盾的思维方式;由于世界正在转向谵妄,我们也必须有这种疯狂的视角"(2000:68)。这就意味着激进思想必须抛弃关于真理、因果律和话语规范的过时原则,以便"尽可能地保持思想的神秘性、矛盾性和可逆性"(2000:68)。然而,这并不意味着要丢弃语言的能力去交流——这通常是对于后结构主义者和解构主义者的批判——例如"这都是行话"、"这并没有明确表述"等。如果要说有什么区别的话,充满诗意、有创造力的语言成为了鲍德里亚后期作品中认真耕耘的领域。为什么这点很重要? 鲍德里亚在《致命的幻觉》中对此做了如下阐述:

135

　　今天,语言面临着全球化和永恒的交流所形成的霸权幻觉而带来的挑战——新秩序,新语言的赛博空间——极简主义的数码语言战胜了比喻性的复杂的自然语言。伴随着二进制编码和解码,语言的象征维度丧失殆尽;语言的物质性、复杂性和魅力将被抹去。在计算、编码和对人类思维的克隆(人工智能)的极限中,作为象征交换中介的语言成为了一种明确无用的功能。

(2000:69)

136　这看起来似乎是不可思议的严峻形势,但是,鲍德里亚很快继续解释说:

　　对于这种毁灭性的虚拟化的最强烈的抵抗来自于语言本身,来自于各种语言的独一性、不可化约性和方言特征,这些语言实质上都是鲜活的、充满生命力的,它们被证明是抵制全球范围内的"意义毁灭"的最佳防御措施。

(2000:69-70)

语言的诗意功能仍在,并且成为鲍德里亚最为有力的武器。

小　结

　　通过比较鲍德里亚的《美国》和美国后现代主义作家唐·德里罗的小说《白噪音》,本章认为鲍德里亚作品所引起的问题之一在于他拒绝区分事实与虚构。这在鲍德里亚后期写作中极为明显。本章根据拟真和超现实的第四序列中的写作策略探索了这个问题。这些问题是通过鲍德里亚的文章《论虚无主义》中的矛盾和悖论来进行讨论的,并与此相关地问道:

就他的文本而言,鲍德里亚是"谁"以及"在哪里"? 与尼采之间的联系揭示出他们在写作策略或风格上有着很多的不同之处,也厘清了不同形式的虚无主义。鲍德里亚认为,后现代主义是一种消极虚无主义,其中"超真实"被认为是"高于"真实的。吊诡的是,鲍德里亚的后现代写作策略有时与他所捍卫的"真实"相抵触——例如《美国》一书的写作风格即是对公路电影的纯粹模仿。

鲍德里亚之后

如同流星进入大气层，鲍德里亚的思想已经破碎并散落在各个关键领域。这些领域包括会计学、美学、商业研究、赛博朋克、环境研究、全球媒体和电影理论、研究地理和历史的新方法、护理、流行文化或文化研究、以及任何可以被视为在后现代主义标题下的主题。鲍德里亚已成为当代西方后现代主义的重要组成部分。在最后的结论章中，我们将研究鲍德里亚的作品在这些理论领域中所产生的影响，简要地考察其他批评家对鲍德里亚理论运用的实际情况。

电子图景

当今世界的发展正在摆脱福特主义工业化的旧空间。换言之，大量位于集中化工厂空间的生产流水线正在被非集中化的、零散的生产地点所代替。与大型工厂建立在一个小镇或一个国家不同，生产地点变得国际化：在其他地方建厂可能成本更低，在很多国家劳动力更加廉价，并且出于不同的原因更加灵活。然而，不仅是生产的实际地点本身正在分散化，生产方式也正在随之变化。因此，曾经高度工业化的国家正在发展基于计算机、软件、休闲业

138　和快速兴起的网络技术的全新的"软"行业。这是一个充满虚拟现实的世界,在电子图景中资本在快速流动,财富也正从超真实公司中被创造(例如:网络公司,虽然这些公司没有实体产品,也没有利润,但如果不考虑波动性,那么这些公司仍是十分有价值的)。社会学家和地理学家正广泛运用鲍德里亚的理论探索电子图景和相关现象。

在《认同的空间》(*Spaces of Identity*)一书里,大卫·莫利(David Morley)和凯文·罗宾斯(Kevin Robins)说道:"我们相信他(鲍德里亚)的理论值得被严肃地对待"(1995:194)。在探讨"全球媒体、电子图景和文化边界"时,莫利和罗宾斯也探索了后福特主义世界。在这个世界中,人类主体陷入了一种不可能的两难困境,正如鲍德里亚所指出的"对自主和服从的要求"(1995:196)。换言之,人类被预期可以有能力不断找到新工作,并在这个过程中不断更新自己的技能(如从工人转为软件程序员或财务顾问等),以与这个去中心化的城市保持同步。然而,人类也有望成为被动的消费者,受制于众多的广告(特别是电视广告)和整个消费体系。莫利和罗宾斯通过与鲍德里亚的人造物观念和他的"未来似乎已转向人造卫星"的观点相比较,来思考这种新的不可能的两难困境(1995:170),因此控制论以及人们如何沉溺或迷失于虚拟现实或其他人造的世界就变得尤为重要(1995:169-170)。这种控制论的机器世界可以借助身份政治和相伴而生或甚至构造它们的民族主义来进行探索。后者在今天被视为一种科技-东方主义而进行探讨,其中异化的"他者"的形象被半机器人和控制论所替代(例如莫利和罗宾斯探讨了有时将日本人描写成冰冷的科技生物的种族主义刻画)。从更一般的意义上而言,我们现在生活在一个被诸多大众传媒公司(如 CNN、新闻集团和索尼)所统治的"全球超级空间"。这些几乎都是虚拟企业,在世界各地运作,几乎渗透进了每一个能接触电视和新闻报刊的国家和文化。这个由电视屏幕和网络构成的世界再次被鲍德里亚详细地进行了勾勒和理论化。鲍德里亚的作品为这一领域中的新思想家们提供了重要的批评动力。

保罗·罗德伟(Paul Rodaway)在一篇名为《探索超现实中的主体》(Exploring the Subject in Hyper-Reality, 1995)的文章中考察了当时的后结构主义和后现代主义的争论,这个争论主要是关于主体正在与被情境化的"真实"世界相分离,如同符号正在被从原作中剥离一般。他让鲍德里亚与许多当代主要思想家们(如雅克·德里达和弗雷德里克·詹姆逊)进行了切磋讨论,着手去描绘了一幅新的"超主体"(hyper-subject)或"反主体"(trans-subject)的新图景。这就意味着主体这个问题现在被认为是一种过渡形式,正处在向某种东西或其他某个地方发展的路上。然而它可能发展成什么样子还有待最后完成或理论化,但鲍德里亚为我们提供了一系列至关重要的批判工具——比如他的"超真实"概念——这一概念就是用来说明这个过渡形式的。罗德伟间或把鲍德里亚的方法与其他理论家放在一起进行比较,来考察鲍德里亚著作的有效性与应用的局限性。通过这种比较,我们发现鲍德里亚采用的是一种激进的方法,那就是——由于物的统治地位,主体已经被诱惑、被碎片化,甚至被毁灭。我们的科技社会是由物统治的而不是主体控制的。罗德伟还运用了鲍德里亚的思想去探索超真实空间和当代社会经验,尤其是在生活馆和主题公园中被重构的过去。

反思历史

鲍德里亚的论述对于历史修正主义而言——并不是我们正处于历史的终结,而是我们正在清除自己的过去——有何作用? 鲍德里亚的言论对于思想家们探索殖民与后殖民历史的交错,或特定概念,如女权主义历史,又起到了怎样的作用? 鲍德里亚的作品为我们审视当代文化和近代历史提供了有效的衬托。在许多方面,鲍德里亚不仅仅是一个对未来的后现代"预言家",而是一个对当代——在我们当下世界中正在发生的事——的批评家。当代历史学家正在尝试从一些新的理论视角研究他们的主题。基思·詹金斯(Keith Jenkins)的《为什么历史? 道德和后现代性》(Why History? Ethics and Postmodernity ,1999)对这些视角做了精彩的概述,这本书中就包含了一个讨论鲍德里亚的有挑战性的短篇。米根·莫里斯(Meaghan Morris)的作品《太早,太晚》(Too Soon Too Late , 1998)则探讨了近代澳大利亚的历史和一些思想家(诸如鲍德里亚)所提供的理论模型之间的关系。她的女权主义阐释与鲍德里亚有着一种学术冲突,有时认为他的超真实概念是有助益的和中肯的,有时又认为鲍德里亚的作品过于理论化(而不是情境化),而加以排斥。例如在研究澳大利亚的小镇时,莫里斯分析了过去小镇建设的方式——博物馆、旅游空间、模拟的历史场所——对它们在历史上的位置进行了阐释或阐释为历史。她将这种方法与鲍德里亚对于法国的这种类似的城镇的拒斥(他将这样的问题转移到了美国)进行了比较。尽管莫里斯质疑了鲍德里亚费解的理论表述,如说美国是一个"巨大的全息图",以及将这样的表述应用到其他精确的文化场所,但她的确在鲍德里亚方法的效用中发现了价值:"全息图的观点 (如拟像)是试图改变其他意指实践模型,而不是取代它们"(1998:60)。澳大利亚小镇并置的"过去"的易变性恰恰让这些小镇可以对抗普遍性理论。正是这种对理论和叙事的抵抗,这种(有时候)批判性的恐怖主义和极端主义,意味着鲍德里亚可以被用于建构全新的、本土化的后殖民主义研究方法,而不必依赖于主要的欧洲思想概念。

当下的美学

鲍德里亚的迷人之处在于他把理论与表演融合在一起,尽管有些评论家认为这样会将理论降格为表演。在美学领域,鲍德里亚绝非是一个冷眼旁观的观察者。他把他的讨论转移到世界范围内的多媒体事件,并且他总是吸引了大量的读者,其中包括非学术性的读者也对他的作品比较感兴趣。在 1990 年代中期,鲍德里亚到澳大利亚旅行。这次旅行并非只是为了去某个学术会议进行演讲("90 年代的鲍德里亚:理论的艺术"Baudrillard in the Nineties: The Art of Theory),同样也是为了参加一个在布里斯班现代艺术中心举行的鲍德里亚摄影作品展。他的照片是超真实与真实、电子与有机体的古怪结合,我们可以在尼古拉斯·舒尔保格(Nicholas Zurbrugg)编辑的《让·鲍德里亚:艺术和工艺品》(*Jean Baudrillard:Art and Artefact*,1997)一书中看到这些精选作品,还有艺术理论家、历史学家和哲学家撰写的一些妙笔生花的随笔。这个选集不仅体现了鲍德里亚美学评论的广泛性,也清楚表明未来的理论家们可以将鲍德里亚的作品用来研究电影和摄影领域中所一直讨论的某些问题。评论家蒂姆西·鲁克(Timothy Luck)做了如下明确的总结:

141

> 在 1980 年代至 1990 年代,鲍德里亚对于艺术、美学、文化生产领域产生了非同凡响的影响……鲍德里亚在 1980 年代关于拟真、诱惑和超真实的作品在当时不同的艺术共同体中产生了巨大的影响,同时也在艺术批评领域广受欢迎。
>
> (1994:209)

鲍德里亚在线

由德克萨斯大学的艾伦·泰勒(Alan Taylor)所维护的网站
"鲍德里亚在线"是一个理想的起点,让人可以考察鲍德里亚对于
广泛的批评理论,特别是包罗万象的术语"后现代主义"(因为它覆
盖了很多关于或作为"后现代"写作的不同方式)的影响。这个网
站提供了与鲍德里亚有关或关于鲍德里亚著作的许多有效链接。
一个通过超链接形成的高质量网站之一是在线期刊 *ctheory.net*,这
本期刊把自己定位为"一本探讨理论、技术与文化的国际期刊。每
周刊登当代话语中的文章、访谈和重要的书评以及在全媒体管理
中对主要的"事件—现场"的理论化。*ctheory.net* 由亚瑟(Arthur)和
玛丽路易斯·克鲁克(Marilouise Kroker)编辑,包含了鲍德里亚的
作品,如《迪士尼世界公司》(Disneyworld Company)和《国际债务
和平行世界》(Global Debt and Parallel Universe)(最初刊登在巴黎
的《解放报》上)。鲍德里亚关于国际债务的文章里包含了对丁互
联网本身的有趣评论和不断增长的知识,可以把它比作债务的迅
速增长或新千年的倒计时。

应用鲍德里亚

对于鲍德里亚的理论和作品的诸多应用,不仅显示了他的思
想横跨了诸多学科,同样揭示出他不仅仅只是在理论领域,而是在
实践领域有着广泛的吸引力。在某些领域,鲍德里亚就是一群后
现代思想家中的一员,这些思想家经常被并不准确地标注为("后
现代"或许是最为贴切的标签)对一个话题的整体解构具有贡献的
人。在迪夫·赫尔姆斯等人(Dave Holmes *et al.*,2006)写的一篇文

142

章中,作者将鲍德里亚对于病毒和"不可能的交换"这些理论应用
于循证护理实践领域,部分是以此来提醒"对差异的排斥":

> 鲍德里亚警示过度调控的系统的危险,在这种系统中,运
> 转的流畅性为严格的制度和规章所阻碍……对多样化(方法、
> 理论等)的反抗和护理业的滞后会产生重大的危害:阻碍护理
> 知识的进一步发展。
>
> (2006:98)

诺曼·B.麦金托什(Norman B. Macintosh)等人将鲍德里亚关于拟
像的理论应用于财务理论,以"考察信息在财务报告中的本体地
位"(2000:13),理查德·V.马特斯西(Richard. V. Mattessich)也将
鲍德里亚应用于他对于"分裂与合成"的讨论(2002)。罗布·巴特
拉姆(Rob Bartram)和莎拉·舒布鲁克(Sarah Shobrook)在环境研
究中探讨了鲍德里亚的"终结"理论,他们指出鲍德里亚近期的作
品例证了世纪末关于自然的焦虑和对环境保护的社会救赎实践的
一体化(2000:371)。巴特拉姆和舒布鲁克将鲍德里亚的理论应用
在英国康沃尔的伊甸园计划中,用以研究想要保护完美的"自然世
界"的悖论。拟像和超真实的概念则被吉娜·格兰迪(Gina
Grandy)和艾尔伯特·J.米尔斯(Albert J. Mills)应用于批判和建模
当代商业管理研究;他们认为通过他们的"寻找拟像的第三序列的
游戏般的尝试",他们不仅能够"对这个领域进行反观",而且能够
"提供一种手段来质疑我们将策略管理当作一种重要的解决问题
的工具"(2004:1154)。更多的传统人文领域(譬如美术)与营销理
论产生交集,肯特·德拉蒙德(Kent Drummond)的《消费卡拉瓦

乔》(Consuming Caravaggio)中也有鲍德里亚的影响,在该文中卡拉瓦乔的商品化的一部分原因就是由一种当代文化是"一个拟真的统治时代,产生绵延不断的图像流"所造成的(2006:100)。这些以及其他很多近期对于鲍德里亚的应用,意味着在现代社会中一些影响深远的事物发生了变化(例如转向超真实)。即便这个转型并没有恰当地被承认,或者在更为传统的知识研究领域被认识到,鲍德里亚的观点仍然推动了这一转变的意识,并为未来的进一步分析提供了工具。

进阶阅读书目

鲍德里亚的作品

Baudrillard, Jean（1968）*Le Système des objets*, Paris：Denoël.（English version, 1997, *The System of Objects*, trans. James Benedict, London & New York：Verso.）

《物体系》(*Le Système des objets*)。这是鲍德里亚第一本著作，是以同后来的"后现代风格"完全不同的一种风格来写作的。这本书无疑使用了罗兰·巴特《流行体系》(1967；1983［英译本］)中的结构主义方法。鲍德里亚的书被分为四个主要部分："功能性体系"、"非功能性体系"、"元功能和功能失调体系"、"物和它们消费中的社会意识形态体系"。但是，不要为这些章节标题迷惑——本书的阅读过程是迷人、愉快的，从室内设计一直谈到氛围、风格、古董、收藏、小工具和机器人。总体而言，《物体系》呈现的是一种崭新的消费理论，用以描述人类和他们的现代消费环境之间的关系。

——（1970）*La Société de consommation*, Paris：Denoël.（English version,

1998, *The Consumer Society：Myths and Structures*, London：Sage.）

《消费社会》(*La Société de consommation*)。这是另一本鲍德里亚的早期作品,本书论述风格明确,做了详细的学术溯源,这在后期的作品中并不多见。本书延续了《物体系》中的社会学分析,也就是说以相对于 1968 年出版的作品而言更具理论化的方式勾勒出新的消费世界。作品分为三个主要部分:"物的形式礼拜仪式"、"消费理论"和"大众传媒、性与休闲"。鲍德里亚认为消费的方式已远远超出人们的需求,而消费却成了生产系统必要的燃料。"物"是任人摆布的,而不是简单地"被消耗",即物是永远无法令人满意的,它与其他物一样在类似于符号或符号学系统的永无止境的过程中任人摆布。鲍德里亚也从根本上重新审视了诸如加尔布雷斯(Galbraith)等社会学家,使用了很多来自于美国社会的例子,这些例子构成了他后期兴趣之所在——后现代写作。这本书是对于支撑鲍德里亚所有作品中的社会学理论的完美介绍,强烈推荐读者先阅读这本书。

——(1972) *Pour une critique de l'écoriomie du signe*, Paris：Gallimard. (English version, 1981, *For a Critique of the Political Economy of the Sign*, trans. Charles Levin, US：Telos.)

《符号政治经济学批判》(*Pour une critique de l'écoriomie du signe*)。这本书是鲍德里亚一组相关短篇作品的合集,探讨了鲍德里亚作品中一个重要议题:如何重读并重新定义马克思主义中的结构主义与符号学。其中的某些篇章繁密复杂,如第六章和第七章中的"关于一般理论的讨论"和"使用价值之外"。然而,这本书仍有助于理解鲍德里亚早期作品,尤其是颇具可读性的第五章"艺术品拍卖"、第九章"媒介的挽歌"和第十章"设计与环境"。更为繁密复杂的章节需要与关于马克思主义和符号学的解释性资料一并阅读。

——(1973) *Le Miroir de la production*, Tournail：Casterman. (English version, 1975, *The Mirror of Production*, trans. Mark Poster, St Louis MO：Telos.)

《生产之镜》(*Le Miroir de la production*)。这本书与《符号政治经济学批判》密切相关，但这部作品的书写风格却颇受争议。换言之，在这本书中明显缺少批判的扎实基础，更多的是直接呈现出观点和主张。本书的基本前提是，当代西方思想体系过度依赖马克思主义中的"生产"概念，这种观念需要通过更复杂的消费观念进行修正。书中有五个主要部分："劳动概念"、"马克思主义人类学与自然的支配"、"历史唯物主义与原始社会"、"论古代的方式和封建的方式"和"马克思主义和政治经济学体系"。这是一本相当复杂的书，有时甚至令人觉得难以阅读，因为它缺乏早期作品所拥有的清晰和精密。尽管如此，该书仍然标志着鲍德里亚自身思想的重要转折点。

——(1976) *L' Échange symbolique et la mort*, Paris：Gallimard. (English version, 1998, *Symbolic Exchange and Death*, trans. lain Hamilton Grant, London：Sage.)

《象征交换与死亡》(*L' Échange symbolique et la mort*)。这本书的第一章"生产的终结"延续了《生产之镜》中的话题，其涉及面更为宽广，诸如麦克·甘恩这样的主流批评家认为《象征交换与死亡》"无疑是让·鲍德里亚最重要的作品"(1991:p.viii)。本书有六个主要部分："生产的终结"、"拟像的序列"(这章被翻译在更早的英文版《拟真》中)、"时尚或代码的仙境"、"身体或符号的尸体"、"政治经济与死亡"和"上帝之名的毁灭"。这本书总体考察并哀悼了符号的终结及符号学对它的替代。在"拟像"这一章，鲍德里亚介绍了超真实的概念，并论述了现代社会如何以"符号学"的方式进行运作的事例。许多评论家认为这是鲍德里亚最后一本具有学术规格的书(其中有很多拓展的引证可以支撑论点)。

——(1978) *À l' ombre des majorités silencieuses, ou la fin du social*, Fontenay-sous-Bois：Cahiers d'Utopic. (English version, 1983, *In the Shadow of the Silent Majorities*：*Or, the End of the Social and Other Essays*, trans. Paul Foss, Paul Patton and John Johnston, New York：Semiotext (e).)

《在沉默的大多数的阴影下：或社会的终结》(*À l' ombre des majorités silencieuses, ou la fin du social*)。这本书是鲍德里亚出现在纽约 Semiotext(e)出版社系列中的作品之一,它引发了英语世界对鲍德里亚兴趣以及他在英语世界中的恶名,并先于那些早期的法文著作而出版。这本书有四个主要部分："在沉默的大多数的阴影下"、"社会的终结"、"媒介意义的内爆"以及"我们的残酷戏剧"。书中探讨了有关"大众"不受牵制或操控,反而构成了一个不受外界刺激和复杂需求影响的"身体"的观念。换言之,"大众"实际上比传统上认为可以直接控制它们的权力的势力更强大。鲍德里亚在这本书中有许多激进和具有争议的观点,如"社会已不复存在"、信息"是对意义和意指的直接破坏"(1983a：96)。这本薄薄的书在论证的内容和风格方面都是对鲍德里亚"后现代"书写的一本精彩的入门介绍。

——(1979) *De la séduction*, Paris：Denoël-Gonthier. (English version, 1990, *Seduction*, trans. B. Singer, London：Macmillan.)

《论诱惑》(*De la séduction*)。这是一部从女权主义角度出发的极具争议的作品,还是一本仍在引发关于鲍德里亚在女权主义理论中的"立场"争论的书。A.戈斯霍恩(A.Goshorn)认为对鲍德里亚的核心理论进行客观的探究是必要的:

> 鲍德里亚对于"女性"范畴的使用相当粗疏,尤其当他在

构建核心的理论比喻之一——"诱惑"时。他在这里所使用的
"女性",以及在他的其他作品中所出现的"女性"一词,从表面
来看,是冒着将这个词的定义本质上狭义化的风险,而且也是
从上个世纪的社会态度吸取了经验。

(Goshorn,1994:258)

——(1981) *Simulacres et simulation*, Paris：Galilée. (English versions：1983, part translation, *Simulations*, trans. Paul Foss, Paul Patton and Philip Beitchman, NY：Semiotext (e)；1994, full translation, *Simulacra and Simulation*, trans. Sheila Faria Glaser, Ann Arbor MD：University of Michigan Press.)

《拟像与拟真》(*Simulacres et simulation*)。对于任何有关鲍德里亚与后现代主义关系的研究而言,该文本是一部至关重要的作品。其中"拟像的先行"和"媒介意义的内爆"两个章节在 1983 年首次被 Semiotext(e)出版社译为英语,但整个文本直到 1994 年通过希拉·法利亚·格拉泽的精彩翻译才能得窥全貌。本书包括许多激进却又通俗易懂的章节,涵盖各个学科,诸如电影(如《现代启示录》)、大卖场和超级商品、克隆、全息图和虚无主义等。

——(1983) *Les Stratégies fatales*, Paris：Grasset. (English version, 1990, *Fatal Strategies*, trans. Philip Beitchman and W. G. J. Niesluchowski, New York & London：Semiotext(e)/ Pluto.)

《致命的策略》(*Les Stratégies fatales*)。这个述行性 (performative)片断所使用的写作风格令评论家们头痛不已,但也或许是因为这种风格使鲍德里亚的读者支持率始终居高不下。本书由五个部分组成:"狂喜和惰性"、"跨政治的比喻"、"讽刺的策略"、"物及其命运"和"关于邪恶的原则"。批评家查尔斯·列文(Charles Levin)所写的书评被认为是最出色的,他写道:"作为纯属揣测的

一种理论写作的练习(从非理性和过度博弈的意义上来说),它(此书)也展示了其非凡的绝技"(1996:271)。列文认为对于鲍里亚而言:

> 在与一个物或目标相关的主体立场的意义上来说,致命的策略并不是一种政治策略,致命的策略在某种方式上既不是积极的,也不是消极的,而是对于事物的行为采取了一种神奇般的认同……它的"反对"来自对体系本身。

> (1996:271-272)

——(1986) *Amérique*, Paris: Grasset. (English version, 1988, *America*, trans. Chris Turner, London & New York: Verso.)

《美国》(*Amérique*)。这部作品似乎让读者在支持与厌恶,赞美与嘲笑等方面所产生的反应程度相同。这本书本质上是一部旅行叙事或者说是日志,分为六个主要部分:"消失点"、"纽约"、"星状的美国"、"乌托邦的实现"、"美国力量的终结?"和"永远的荒漠"。鲍德里亚分析了(或者说是改造了)大量关于美国的陈词滥调,作为贯穿全书中的新旧世界结构对立论证的一部分(这些陈词滥调最初是从旧世界的角度来写的,但最终问题化了"新旧"的二元对立)。因此,旅行叙事是以解构写作这本书的行为开始的;因此从它碎片化了自身或解构了自身(后一个术语被广泛使用)的意义上来说,它是后现代的。鲍德里亚在这里采用了一种同时既有洞察力且又单纯的矛盾的语言风格,或从这种问题的盲点或困境出发来建构他的旅行叙事。总体而言,这本书本身很具有可读性,但也令许多读者难以卒读。如果不是在尼采意义上的警句的话,书中的某些部分是深奥且很难理解的,但若以平庸的电视节目或旅游节目的思维来阅读,那本书就会体现出令人难以置信的幽默感。

——(1987) *L' Autre par lui-même*, Paris：Galilée. (English version, 1988, *The Ecstasy of Communication*, trans. Bernard and Caroline Schutz e, New York：Semiotext(e).)

《交流的狂喜》(*L' Autre par lui-même*)。这本书的基本设定很简单:我们已经从"场景"的领域转移到"粗俗"的领域。这种粗俗是因为从景观到透明的转换,鲍德里亚认为,场景的世界和"镜子"已让位于荧幕和网络的世界了(1988b：12)。该书实际上是鲍德里亚博士论文或教授论文的译本,可在 Semiotext(e)系列中找到。它在正规的引言和结论的框架内由六个主要部分组成:"交流的狂喜"、"透明的宗教仪式"、"变形、隐喻、转移"、"诱惑或者表面的深度"、"从体系到物的命运"和"为什么需要理论?"。将这本书和更早的社会学和马克思分析法相联系的方式在于开头一个句子:"事实上已经不存在物体系了"(1987a：11),然而,鲍德里亚在本书中的论述是以马克思主义对于商品的抽象性为预想的。总的来说,这本书是对于了解鲍德里亚关于后现代主义作品的另一个极佳的切入点。

——(1987) *Cool Memories*：1980—1985, Paris：Galilée. (English version, 1990, *Cool Memories*, trans. Chris Turner, London & New York：Verso.)

《冷记忆》(*Cool Memories*)。这是如今我们能够读到的鲍德里亚五部"期刊"的第一部分。作品涵盖了大量关于1980—1984年间的主题,多以警句的形式呈现。随意翻阅两页,我们会看到这样的词条:工人、官僚主义、梦想、理论、爱、黑格尔、亚里士多德和诱惑。

——(1991) *La Guerre du golfe n' a pas eu lieu*, Paris：Galilée. (English version, 1995, *The Gulf War Did Not Take Place*, trans. Paul Patton, Sydney：Power.）

《海湾战争没有发生过》（*La Guerre du golfe n'a pas eu lieu*）。这些文章汇集起来形成了一本简短但却极具争议性的合集。本书分为三个部分："海湾战争不会发生"、"海湾战争：它真的发生了吗?"、"海湾战争没有发生过"。文章最初是在第一次海湾战争爆发之前或期间或之后发表于《解放报》的。作品将战争分析成一个典型的"超真实"的范例，非常好地阐释了鲍德里亚在他的许多著作所表达的"测试"的概念。在这该书中保罗·巴顿在其精彩的引言中指出，鲍德里亚在该书中是在追求"一种高风险的写作策略"（1995：6）。很明显，这本书体现了鲍德里亚的理论和写作策略中的问题和潜力。总体来说，这或许是一本可以阅读和了解"后期"鲍德里亚的最优秀的作品之一，特别是因为我们可以把鲍德里亚对海湾战争的分析与大量视频和媒体资料相比较来看待这个问题。

——（1992）*L'Illusion de la fin ou la grève des événetnents*, Paris：Galilée. （English version, 1994, *The Illusion of the End*, trans. Chris Turner, Cambridge：Polity.）

《终结的幻觉》（*L'Illusion de la fin ou la grève des événetnents*）。这是一本论文合集，旨在探讨"千禧年"和"历史终结"的概念是属于一种线性的、现代的历史概念。然而鲍德里亚认为通过一个不断的"抹除"过程，我们已经进入了一个历史逆转的时期。像许多鲍德里亚后期的作品一样，本书的文章/篇章之间彼此独立，但组合在一起后却效果明显，因此这本书可以"随意介入"。

——（1995）*Le Crime parfait*, Paris：Galilée. （English version, 1996, *The Perfect Crime*, trans. Chris Turner, London & New York：Verso.）

《完美的罪行》(*Le Crime parfait*)。这里所说的罪行是对现实的"谋杀",从某种全整的意义上来说,这当然不能指真正的"完美"。相反,鲍德里亚的书写是因为社会的裂缝仍然存在,使得他意识到谋杀现实的犯罪过程。从很多方面来看,这本书重新利用了很多在鲍德里亚后期作品中有着突出地位的材料,尽管有一个简单的叙事结构和"感受"会使文本更具有可读性。不过这本书不太适合入门水平的读者,而对于那些熟悉鲍德里亚作品人来说,它却是一本不可或缺的佳作,值得一读。

——(1997) *Écran total*, Paris：Galilée.（English version, 2002, *Screened Out*, trans. Chris Turner, London and New York：Verso.）

《屏蔽》(*Écran total*)。该书收集了大量鲍德里亚的论文,内容涵盖了艾滋病、病毒经济、东欧、暴力、性欲、世界债务,以及希拉克等各个主题。

——(2000) *Mots de passé*, Pauvert, department des Éditions Fayard.（English version, 2003, *Passwords*, trans. Chris Turner, London and New York：Verso.）

《密码》(*Mots de passé*)。该书部分收录了鲍德里亚近年来所使用、理论化或创建的关键术语,适合鲍德里亚理论的初学者阅读。关键术语包括：物、价值、象征交换、诱惑、淫秽、恶的透明性、虚拟、随机性、混乱、终结、完美的罪行、命运、不可能的交换、二元性、思想、最后一个词。

——(2000) *The Vital Illusion* (Wellek Library Lectures), ed. Julia Witwer, New York：Columbia University Press.

《致命的幻觉》(*The Vital Illusion*)。鲍德里亚在韦勒克图书馆的讲稿,是他在 1999 年 5 月由加利福尼亚大学欧文分校批评理论研究所主办的讲座上进行的演讲,涵盖了三个主要话题："最后的

解决方法:超越人类与非人类范围的克隆"、"2000 年的悬置"和
"谋杀真实"。演讲始于鲍德里亚反复提及的主题:他对死亡的痴
迷,随后通过联系克隆、性欲、时间、历史与真实,鲍德里亚解构了
"终结"这一概念。

——(2001) *Le Ludique et le policier et autres texts parus dans Utopie*(1967/
78), Paris:Sens & Tonka. (English version, 2006, *Utopia Deferred*:
Writings from Utopie(1967—1978), trans. Stuart Kendall, New York:
Semiotext(e).)

《迟来的乌托邦:乌托邦选集(1967—1978)》(*Le Ludique et le
policier et autres texts parus dans Utopie*(1967/78))。这些是鲍德里亚在
《乌托邦》月刊上发表的论文,这本杂志也同时被同名的城市建筑
方面的理论家视为官方喉舌。尽管其中的一些文章曾经在其他的
译本中被发表过,但这本合集刊登的鲍德里亚的文章都在其历史
语境之中,它们可以和其他一些乌托邦理论学家,譬如亨利·列斐
伏尔和休伯特·汤卡的著作同时加以阅读和研究。

—— (2001) *The Uncollected Baudrillard*, ed. Gary Genosko, various trans-
lators, London:Sage.

《鲍德里亚的未收录的文章》(*The Uncollected Baudrillard*)。在他
戏谑的介绍中,吉诺斯科称这些文章是鲍德里亚之前未被翻译文
章的一个"愿望清单"。此书分为五个板块:①年轻的鲍德里亚,
②对于大众中介生活的批判,③理论之诗,④左右派的政治破产,
⑤讽刺性的审美失调。无需多言,该书是一本广泛收集的文集汇
编,其中引人注意地混合了早期书评中的观点,关于政治与审美的
文章以及理论的反思与实验。这本书对于鲍德里亚的英语译作的
传播起到了极其重要的作用。

——(2001) *D' un fragment l' autre*, Paris:A. Michel(English version,

2004, *Fragments*：*Conversations with François L'Yvonnet*, trans. Chris Turner, London and New York：Routledge）.

《片段：与弗朗索瓦·李沃耐特》(*D'un fragment l'autre*)。该书的前言由麦克·甘恩撰写，书中包含了九个采访：不合时宜的片段；"激进主义分子"的片段；格言警句的片段；片段与分形；人类学片段；预言性片段；片段与病毒；光之片段；片段之片段。

——（2002）*L'esprit du terrorisme* and *Requiem pour les Twin Towers*, Paris：Galilée.（English version, 2002, *The Spirit of Terrorism and Requiem for the Twin Towers*, trans. Chris Turner, London and New York：Verso.）

《恐怖主义的幽灵》(*L'esprit du terrorisme*)和《双子塔的挽歌》(*Requiem pour les Twin Towers*)。这部作品以书籍的形式刊载了鲍德里亚的两篇关于恐怖主义袭击纽约世贸中心——也就是9·11事件的文章。在这些文章中鲍德里亚发展并阐述了一些自己早期关于恐怖主义的观点，也提出了一种新式的恐怖主义正在成型的论点（参见第6章）。

——（2003）*Mass. Identity. Architecture. Architectural Writings of Jean Baudrillard*, ed. Francesco Proto, Chichester：Wiley-Academy.

《大众、身份、建筑学：让·鲍德里亚的建筑学著作》(*Mass. Identity. Architecture. Architectural Writings of Jean Baudrillard*)。这本文集收录了一系列鲍德里亚早期发表的文章、访谈以及选自于鲍德里亚一些著作的摘录，主题包括从现代性到后现代性的文化和美学转变中的物和建筑的作用。诚如麦克·甘恩在该书前言中所说，鲍德里亚关于建筑学和城市空间的见解都极能体现他思维的适应性。鲍德里亚并不是构建单一的理论或想法，而是在已有的语境中描绘出深远的革新。该书生动地对鲍德里亚在新式建筑和转型的城市环境方面的痴迷进行了迅速一瞥。

——(2004) *Le pacte de lucidité ou L' intelligence du mal*, Paris：Galilée. (English version, 2005, *The Intelligence of Evil or The Lucidity Pact*, trans. Chris Turner, Oxford：Berg).

《恶的智能或清晰条约》(*Le pacte de lucidité ou L' intelligence du mal*)。克里斯·特纳在这本文集中收录了22篇鲍德里亚的文章以及一个批判性的介绍。这个文集包括一些对于鲍德里亚批评者的回应，尤其是他对于战争的观点。文章包括"在真实的边境"、"论世界在其深远的虚幻之中"、"网络中的精神离散"和"恶的智能"。

——(2005) *The Conspiracy of Art：Manifestos, Interviews, Essays*, ed. Sylvère Lotringer, New York：Semiotext(e).

《艺术的阴谋：宣言、访谈与文章》(*The Conspiracy of Art：Manifestos, Interviews, Essays*)。该书收录了鲍德里亚关于艺术的大量文章与访谈。作品包含以下几个板块：挑衅、辩论、幻象、内爆、真人秀，幻想之源。其中很多文章在别处可见，但由于西尔维尔·罗特林奇编辑的这个版本的框架清晰地追溯了鲍德里亚思想的发展轨迹。这对读者了解鲍德里亚在美学以及艺术方面的理论有很大的帮助。

研究鲍德里亚的作品

Butler, Rex (1999) *Jean Baudrillard：The Defence of the Real*, London：Sage.

《让·鲍德里亚：保卫真实》(*Jean Baudrillard：The Defence of the Real*)。该书通俗易懂，在引言中有一个综述，另外还有三个主要部分(拟真、诱惑、双重性)。巴特勒侧重于鲍德里亚的社会逻辑学方面的著作研究。

Gane, Mike（1991）*Baudrillard*：*Critical and Fatal Theory*, London：
　Routledge.

　　《鲍德里亚：批判与致命的理论》(*Baudrillard*：*Critical and Fatal Theory*)。该书可能是介绍鲍德里亚理论的书中最通俗易懂的一本。作品由四部分组成(介绍和背景；马克思主义的发展和理论立场；文化分析,诱惑、致命理论和美国；双螺旋)。甘恩擅长组织整理鲍德里亚作品中对马克思主义的批判。

——（ed.）（1993）*Baudrillard Live*：*Selected Interviews*, London & New
　York：Routledge.

　　《鲍德里亚访谈录选集》(*Baudrillard Live*：*Selected Interviews*)。这本书是二十篇鲍德里亚访谈的合集(鉴于对鲍德里亚和甘恩之间访谈本身的观点的一些处理),其中很多讲稿已在其他地方先行出版。该书对于读者而言是一笔宝贵的财富,书中对鲍德里亚复杂思想和主题的探讨最具可读性,对于鲍德里亚的研究做出了颇有价值的贡献。

Genosko, Gary（1994）*Baudrillard and Signs*：*Signification Ablaze*,
　London：Routledge.

　　《鲍德里亚与符号：能指的闪光》(*Baudrillard and Signs*：*Signification Ablaze*)。这本书极为复杂,需要读者具有一定的结构主义和后结构理论的高深知识。作品有四个主要部分(酒吧游戏；拟真和符号化过程；不同种类的象征交换；空符号和奢侈的物),附带了一个优秀的推荐书目。

Grace, Victoria（2000）*Baudrillard's Challenge*：*A Feminist Reading*, Lon-
　don and New York：Routledge.

　　《鲍德里亚的挑战：女性主义阅读》(*Baudrillard's Challenge*：*A Feminist Reading*)。为了探寻鲍德里亚的作品是如何对女性主义思想作出贡献,格蕾斯对鲍德里亚的所有作品进行了深思熟虑的深入研究。在她书中的第一章,"意义与价值的意识形态",格蕾斯批判了那些她认为是对鲍德里亚思想的批判性误解,她作品的其他部分是在解答"在超现实主义和后现代主义的框架中我们可以怎样理解性别逻辑?"(2000:35)。格蕾斯认为鉴于鲍德里亚的著作,很多女性主义理论是可以重读的,包括布雷多蒂、巴特勒、艾伯特和伊利格瑞。第五章,"不可避免的诱惑",是对鲍德里亚的专有术语的深度可逆性解读,这是与"生产"相反的。

Kellner, Douglas (1989) *Jean Baudrillard: From Marxism to Postmodernism and Beyond*, Cambridge: Polity.

　　《让·鲍德里亚:从马克思主义到后现代主义及其他》(*Jean Baudrillard: From Marxism to Postmodernism and Beyond*)。这是一本对读者要求颇高的介绍鲍德里亚的学术作品,读者需要有相当广泛的知识背景、理论立场和对文本的了解。然而,该书确实提供了对鲍德里亚有争议性的批判,或许这也是让我们着手去理解对于鲍德里亚批判性反对的最好的著作之一。该书由七个部分组成(商品;在消费社会的消费和需要;超越马克思主义;媒体、拟真和社会性的终结;后现代狂欢节;挑衅;形而上学的假想:超越鲍德里亚)。

——(1994) *Baudrillard: A Critical Reader*, Oxford: Basil Blackwell.

　　《鲍德里亚:批判性读本》(*Baudrillard: A Critical Reader*)。这本书是十四篇重要论文的合集,包括不同的调查-类型方法并作出了更为批判性的评论。这些文章涵盖了诸如商品化、批判理论和技术文化、符号学、控制论、时尚、媒介文化、象征交换、超真实、拟真、现代主义、后现代主义、女权主义和文化政治在内的诸多主题。道格拉斯·凯尔纳为其撰写了条理清楚并极有帮助的导言,这对于阅读麦克·甘恩关于鲍德里亚的作品非常关键。该书不仅可以帮助读者思考鲍德里亚作品中的关键问题,也有助于理解对鲍德里亚作品的矛盾阐释之处,是一本值得一读的好书。

Levin, Charles (1996) *Jean Baudrillard: A Study in Cultural Metaphysics*, London: Prentice Hall.

《鲍德里亚:对文化形而上学的研究》(*Jean Baudrillard: A Study in Cultural Metaphysics*)。这本书有时略微复杂,但被分成便于管理的简短的篇章,七个章节的标题分别是:简介:历史和文化语境;成为一个对象;在政治理论中的鲍德里亚;从历史到形而上学;致命的策略";"形而上学的遗迹和现代主义"和"后摩门主义"。书中附有非常实用的关键术语列表。

Merrin, William (2005) *Baudrillard and the Media: A Critical Introduction*, Cambridge: Polity.

《鲍德里亚和媒介:批评性介绍》(*Baudrillard and the Media: A Critical Introduction*)。该书将鲍德里亚定位于媒介理论的概念和争论中,梅林在他的整个学术生涯中都在勾勒鲍德里亚对"媒介"的持续研究。梅林梳理了布尔斯亭、涂尔干和麦克卢汉对鲍德里亚的学术影响,他还阐述了鲍德里亚"非事件的事件"的概念,例如,他宣称海湾战争没有发生过。第七章,"'矩阵中有你':虚拟性和社会控制",讨论了在《黑客帝国》这部电影中鲍德里亚的出现,还有他关于虚拟世界和电影的理论。

Pawlett, William (2007) *Jean Baudrillard: Against Banality*, London and New York: Routledge.

《让·鲍德里亚:反对平庸》(*Jean Baudrillard: Against Banality*)。该书属于劳特利奇出版社的社会学丛书,对鲍德里亚的思想进行了全方位的研究。第五章,"身体、性欲和引诱",第八章,"主体性,身份和代理",都是研究鲍德里亚作品中主体概念的优秀资源。

Pefanis, Julian（1991）*Heterology and the Postmodern*：*Bataille, Baudrillard, and Lyotard*, Durham NC and London：Duke University Press.

《异性恋与后现代主义：巴塔耶、鲍德里亚和利奥塔》（*Heterology and the Postmodern*：*Bataille*，*Baudrillard*，*and Lyotard*）。这本书出色地、批判性地阐释了鲍德里亚的理论（参见第四章，"第三序列的理论"），还将当代法国的诸多思想家纳入了考察范畴，展现了他们之间的关联并作出了批判。

Rojek, Chris and Turner, Bryan S.（eds）（1993）*Forget Baudrillard?*, London & New York：Routledge.

《忘记鲍德里亚？》（*Forget Baudrillard?*）。该书广泛收集了八篇论文，其中包括评论家赛迪·普朗特的一篇对鲍德里亚有争议的著作《诱惑》的精彩分析和批判（第五章）。两篇由克里斯·瑞杰克所写的关于《美国》，以及对鲍德里亚和政治的清晰考察的文章（第六章）。

Zurbrugg, Nicholas（ed.）（1997）*Jean Baudrillard*：*Art and Artefact*, London：Sage.

《让·鲍德里亚：艺术和工艺品》（*Jean Baudrillard*：*Art and Artefact*）。这是一本批评文章的合集，其中包括三篇论文和八张鲍德里亚彩色照片及两次采访。文集是基于1994年在布里斯班的现代艺术研究所召开的"90年代的鲍德里亚：理论的艺术"研讨会集结而成的。书中还有由巴特勒、杰诺斯科和巴顿等批评家所撰写的批评文章，以及由理查德·G.史密斯提供的一组有用的参考书目。

参考文献

Ardagh, John (1978) *The New France: A Society in Transition 1945— 1977*, London: Penguin.

Barthes, Roland(1983) [1967] *Le Système de la mode*, published in English as *The Fashion System*, trans. Matthew Ward and Richard Howard, New York: Hill & Wang.

Bartram, Rob and Sarah Shobrook(2000) 'Endless/End-Less Natures: Environmental Futures at the Fin de Millennium', *Annals of the Association of American Geographers* 90(2): 370-380.

Bataille, Georges(1985) *Visions of Excess: Selected Writings, 1927—1939*, trans. Allan Stoekl, Carl R. Lovitt and Donald M. Leslie Jr, Minneapolis MN: University of Minnesota Press.

Baudrillard, Jean (1975) [1973] *The Mirror of Production*, trans. Mark Poster, St Louis MO: Telos.

——(1981) [1972] *For a Critique of the Political Economy of the Sign*, trans. Charles Levin, St Louis MO: Telos.

——(1983a) [1978] *In the Shadow of the Silent Majorities: Or, the End of the Social and Other Essays*, trans. Paul Foss, Paul Patton and John

Johnston, New York: Semiotext(e).

——(1983b) [1981] *Simulations*, trans. Paul Foss, Paul Patton and Philip Beitchman, New York: Semiotext(e).

——(1988a) [1986] *America*, trans. Chris Turner, London and New York: Verso.

——(1988b) [1987] *The Ecstasy of Communication*, trans. Bernard and Caroline Schutze, New York: Semiotext(e).

——(1990a) [1987] *Cool Memories*, trans. Chris Turner, London and New York: Verso.

——(1990b) [1983] *Fatal Strategies*, trans. Philip Beitchman and W. G. J. Niesluchowski, New York and London: Semiotext(e)/Pluto.

——(1990c) [1979] *Seduction*, trans. B. Singeri, London: Macmillan.

——(1994a) [1981] *Simulacra and Simulation*, trans. Sheila Faria Glaser, Ann Arbor MI: University of Michigan Press.

——(1994b) [1992] *The illusion of the End*, trans. Chris Turner, Cambridge: Polity.

——(1995) [1991] *The Gulf War Did Not Take Place*, trans. Paul Patton, Sydney: Power.

——(1996) [1995] *The Perfect Crime*, trans. Chris Turner, London and New York: Verso.

——(1997) [1968] *The System of Objects*, trans. James Benedict, London and New York: Verso.

——(1998a) [1976] *Symbolic Exchange and Death*, trans, Iain Hamilton Grant, London: Sage.

——(1998b) [1970] *The Consumer Society: Myths and Structures*, London: Sage.

——(2000) *The Vital Illusion*(Wellek Library Lectures), ed. Julia Witwer, New York: Columbia University Press.

——(2001) *The Uncollected Baudrillard*, ed. Gary Genosko, various translators, London: Sage.

——(2002a)[2002] *The Spirit of Terrorism and Requiem For The Twin Towers*, trans. Chris Turner, London and New York: Verso.

——(2002b)[1997] *Screened Out*, trans. Chris Turner, London and New York: Verso.

——(2003)[2000] *Passwords*, trans. Chris Turner, London and New York: Verso.

——(2004)[2001] *Fragments: Conversations with Francois L' Yvonnet*, trans. Chris Turner, London and New York: Routledge.

——(2005a) *The Conspiracy of Art: Manifestos, Interviews, Essays*, ed. Sylvère Lotringer, New York: Semiotext(e).

——(2005b)[2004] *The Intelligence of Evil or The Lucidity Pact*, trans. Chris Turner, Oxford: Berg.

——(2006)[2001] *Utopia Deferred: Writings from Utopie (1967—1978)*, trans. Stuart Kendall, New York: Semiotext(e).

Benjamin, Walter(1992) *Illuminations*, trans. Harry Zohn, London: Fontana.

——(1999) *The Arcades Project*, trans. Howard Eiland and Kevin McLaughlin, Cambridge MA and London: Harvard University Press.

Blackburn, Simon (1996) *Oxford Dictionary of Philosophy*, Oxford: Oxford University Press.

Bracken, Chris(1997) *The Potlatch Papers: A Colonial Case History*, Chicago IL and London: University of Chicago Press.

Butler, Rex (1999) *Jean Baudrillard: The Defince of the Real*, London: Sage.

Cohen, Robert (ed.) (1998) *Peter Weiss: Marat/Sade, The Investigation, The Shadow of the Body of the Coachman*, New York: Continuum.

Connor, Steven(1989) *Postmodernist Culture: An Introduction to Theories of the Contemporary*, Oxford: Basil Blackwell.

Debord, Guy(1998) *The Society of the Spectacle*, trans. Donald Nicholson-Smith, New York: Zone Books.

Delany, Paul (ed.) (1994) *Vancouver: Representing the Postmodern City*, Vancouver: Arsenal Pulp Press.

Deleuze, Gilles(1983) *Nietzsche and Philosophy*, trans. Hugh Tomlinson, London: Athlone.

DeLillo, Don(1986)[1984] *White Noise*, London: Picador.

——(1992) *Mao II*, London: Vintage.

Derrida, Jacques(1978)'Structure, Sign and Play in the Discourse of the Human Sciences', in *Writing and Difference*, trans. Alan Bass, Chicago IL: University of Chicago Press.

Dick, Philip K. (1993) *Do Androids Dream of Electric Sheep (Blade Runner)*, London: HarperCollins.

Drummond, Dick(2006)'The Migration of Art from Museum to Market: Consuming Caravaggio', *Marketing Theory* 6(1): 85-105.

Emery, Fred(1995) *Watergate: The Corruption and Fall of Richard Nixon*, London: Pimlico.

Eribon, Didier (1991) *Michel Foucault*, trans. Betsy Wing, Cambridge MA: Harvard University Press.

Ffrench, Patrick (1995) *The Time of Theory: A History of* Tel Quel (1960—1983), Oxford: Clarendon.

Foucault, Michel (1974) *The Order of Things: An Archaeology of the Human Sciences*, London and New York: Tavistock.

——(1979) *Discipline and Punish: The Birth of the Prison*, trans. Alan Sheridan, New York: Vintage.

Gane, Mike(1991) *Baudrillard: Critical and Fatal Theory*, London: Routledge.

——(ed.) (1993) *Baudrillard Live: Selected Interviews*, London and New York: Routledge.

——(2000) *Jean Baudrillard: In Radical Uncertainty*, London: Pluto.

Gasché, Rodolphe (1986) *The Tain of the Mirror: Derrida and the Philosophy of Reflection*, Cambridge MA and London: Harvard University Press.

Genosko, Gary(1994) *Baudrillard and Signs: Signification Ablaze*, London: Routledge.

Gilbert, Helen and Joanne Tompkins (1996) *Post-Colonial Drama: Theory, Practice, Politics*, London: Routledge.

Girard, René (1986) *The Scapegoat*, trans. Yvonne Freccero, Baltimore MD: The Johns Hopkins University Press.

Goshorn, A. Keith(1994) 'Valorizing "the Feminine" while Rejecting Feminism? Baudrillard's Feminist Provocations', in Douglas Kellner (ed.) *Baudrillard: A Critical Reader*, Oxford: Blackwell, pp. 257-291.

Grace, Victoria (2000) *Baudrillard's Challenge: A Feminist Reading*, London and New York: Routledge.

Grandy, Gina and Albert J. Mills(2004) 'Strategy as Simulacra? A Radical Reflexive Look at the Discipline and Practice of Strategy', *Journal of Management Studies* 41(7): 1153-1170.

Hassan, Ihab(1982) *The Dismemberment of Orpheus: Toward a Postmodern Literature*, New York: Oxford University Press.

Hawkes, Terence(1977) *Structuralism and Semiotics*, London: Methuen.

Hegel, Georg Wilhelm Friedrich(1977) *Phenomenology of Spirit*, trans. A. V. Miller, Oxford: Oxford University Press.

Heidegger, Martin (1988) *Hegel's Phenomenology of Spirit*, trans. Parvis Emad and Kenneth Maly, Bloomington IN and Indianapolis IN: Indiana University Press.

Holmes, Dave, Amélie Perron and Patrick O'Byrne(2006) 'Evidence, Virulence, and the Disappearance of Nursing Knowledge: A Critique of the Evidence-Based Dogma', *Worldviews on Evidence-Based Nursing* 3(3): 95-102.

Hussey, Andrew(2001) *The Game of War: The Life and Death of Guy, Debord*, London: Jonathan Cape.

Hyppolite, Jean (1974) *Genesis and Structure of Hegel's Phenomenology of Spirit*, trans. Samuel Cherniak and John Heckman, Evanston IL: Northwestern University Press.

Jameson, Fredric(1998) *The Cultural Turn: Selected Writings on the Post-modern, 1938—1998*, London and New York: Verso.

Jencks, Charles(1987) *The Language of Post-Modern Architecture*, London: Academy Editions.

Jenkins, Keith(1999) *Why History? Ethics and Postmodernity*, London and New York: Routledge.

Kellner, Douglas(1989) *Jean Baudrillard: From Marxism to Postmodernism and Beyond*, Cambridge: Polity.

——(1994) *Baudrillard: A Critical Reader*, Oxford: Basil Blackwell.

Kojève, Alexandre(1969) *Introduction to the Reading of Hegel*, trans. J. H. Nicholas, New York: Basic.

Lane, Richard (1993) 'The Double Guide: Through the Labyrinth with Robert Kroetsch', *Journal of Commonwealth Literature* 29 (2): 19-27.

——(1999) 'Fractures: Written Displacements in Canadian/US Literary Relations', in Deborah Madsen(ed.) *Post-Colonial Literatures: Expanding the Canon*, London: Pluto.

——(2005) *Reading Walter Benjamin: Writing Through the Catastrophe*, Manchester. Manchester University Press.

——(2006) *Fifty Key Literary Theorists*, London and New York: Routledge.

——(2007) 'Jean Baudrillard, 1929—2007', Obituary, *Radical Philosophy*, 144(July/August): 61-64.

Larkin, Maurice (1991) *France Since the Popular Front: Government and People 1936—1986*, Oxford: Clarendon.

Lefebvre, Henri(1991) *Critique of Everyday Life*, trans. John Moore, London: Verso.

Levin, Charles (1996) *Jean Baudrillard: A Study in Cultural Metaphysics*, London: Prentice Hall.

Luke, Timothy W. (1994) 'Aesthetic Production and Cultural Politics: Baudrillard and Contemporary Art', in Douglas Kellner(ed.) *Baudrillard: A Critical Reader*, Oxford: Blackwell.

Lyotard, Jean-François (1984) *The Postmodern Condition: A Report on Knowledge*, trans. Geoff Bennington and Brian Massumi, Minneapolis MN: University of Minnesota Press.

Macintosh, N. B., T. Shearer, D. B. Thornton and M. Welker(2000) 'Accounting as Simulacrum and Hyperreality: Perspectives on Income and Capital', *Accounting, Organizations and Society*, 25: 13-50.

Marx, Karl(1979) *Capital: A Critique of Political Economy*, vol.1, trans. Ben Fowkes, Harmondsworth: Penguin.

Marx, Karl and Friedrich Engels (1988) *The Communist Manifesto*, London: Penguin.

Mattessich, Richard V. (2002) 'Accounting Schism or Synthesis? A Challenge for the Conditional-Normative Approach', *Canadian Accounting Perspectives* 1(2): 185-216.

Mauss, Marcel (1990) *The Gift: The Form and Reason for Exchange in Archaic Societies*, London and New York: Routledge.

Merrin, William(2005) *Baudrillard and the Media: A Critical Introduction*, Cambridge: Polity.

Morley, David and Kevin Robins(1995) *Spaces of Identity: Global Media, Electronic Landscapes and Cultural Boundaries*, London and New York: Routledge.

Morris, Meaghan(1998) *Too Soon Too Late: History in Popular Culture*,

Bloomington IN and Indianapolis IN: Indiana University Press.

Nehamas, Alexander(1985) *Nietzsche: Life as Literature*, Cambridge MA and London: Harvard University Prcss.

Norris, Christopher (1992) *Postmodernism, Intellectuals and the Gulf War*, London: Lawrence and Wishart.

Pawlett, William (2007) *Jean Baudrillard: Against Banality*, London anti New York: Routledge.

Pefanis, Julian (1991) *Heterology and the Postmodern: Bataille, Baudrillard, and Lyotard*, Durham NC and London: Duke University Press.

Pynchon, Thomas(1966) *The Crying of Lot 49*, Philadelphia PA: J. B. Lippincott.

Rodaway, Paul (1995) ' Exploring the Subject in Hyper-Reality ', in Steve Pile and Nigel Thrift (eds) *Mapping the Subject: Geographies of Cultural Transformation*, London and New York: Routledge, pp. 241-266.

Rojek, Chris anti Bryan S. Turner(eds) (1993) *Forget Baudrillard?*, London and New York: Routledge.

Safdie, Moshe(1970) *Beyond Habitat*, Montreal: Tundra Books.

Spengler, Oswald(1926) *The Decline of the West*, vols 1 and 2, London: George Allen anti Unwin.

Saussure, F. de(1983) [1916] *Course in General Linguistics*, trans. Roy Harris, London: Duckworth.

Taylor, Charles(1989) *Hegel*, Cambridge: Cambridge University Press.

Weiss, Peter(1970) *Discourse on Vietnam*, trans. Geoffrey Skelton, London: Calder & Bayers.

Wittgenstein, Ludwig(1993) *Philosophical Occasions: 1912—1951*, Indianapolis IN and Cambridge: Hackett.

Zurbrugg, Nicholas(ed.) (1997) *Jean Baudrillard: Art and Artefact*, London: Sage.

索 引

CNN(美国有线电视新闻网) CNN 93，138

Ctheory.net *Ctheory.net* 141

《阿姆斯特丹宣言》 Amsterdam Declaration 18

艾略特,T.S. Eliot, T.S. 28

爱虫病毒 Love Bug virus 105

巴塔耶,乔治 Bataille, G. 4，13-15，23，26，48-51，61，78

巴特,罗兰 Barthes, R. 16，19

《白噪音》 *White Noise* 83，125-126，136

贝弗利汤姆酒店 *Beverly Tom Hotel* 117

本雅明,瓦尔特 Benjamin, W. 109-110，128

边沁,杰里米 Bentham, J. 87-88

辩证法 dialectic 10-13，23，26，79

波德莱尔,夏尔 Baudelaire, C. 109-110

伯恩斯坦,卡尔 Bernstein, C. 88

博尔赫斯,豪尔赫 Borges, J. 84

博纳旺蒂尔酒店 Bonaventure hotel 121-124

布迪厄,皮埃尔　Bourdieu, P.　88-89

布莱希特,贝尔托　Brecht, B.　3

超布连岛民　Trobriand Islanders　54

超级市场　hypermarket　41-43,96

超真实　hyperreal　30, 33, 38, 69-70, 84-85, 87, 90-96, 98,
　99-100, 107-108, 121-126, 128, 132, 136, 138-139,
　141-142

吵闹的家庭　Loud family, The　95-96

《词与物》　*Order of Things, The*　17, 19

《存在与时间》　*Being and Time*　55

存在主义　Existentialism　3, 25

《达洛维夫人》　*Mrs Dalloway*　28

大脸之家　*Face House*　117

《到灯塔去》　*To The Lighthouse*　28

德波,居伊　Debord, G.　18,95,97-98

德勒兹,吉尔　Deleuze, G.　127-128

德里达,雅克　Derrida, J.　16, 26, 55-56, 118, 139

德里罗,唐　DeLillo, D.　83, 99, 125-126, 136

《德州巴黎》　*Paris, Texas*　114-116

迪克,菲利普·K　Dick, P.K.　35

迪士尼乐园　Disneyland　83-84, 87-88, 98, 107, 119, 141

第一次海湾战争　First Gulf War, The　93-95,98,107,132

电子人和控制论　cyborgs & cybernetics　138

杜奇克,鲁迪　Dutschke, R.　22

《俄耳甫斯的解体》　*Dismemberment of Orpheus，The*　120

恩格斯，弗里德里希　Engels，F.　11

二元对立　binary oppositions　55-56

法国 1968 年五月风暴　May 1968　20-25，50-51，90

弗洛伊德，西格蒙德　Freud，S.　28,34

《符号政治经济学批判》　*For A Critique of the Political Economy of the Sign* 22-23，36，50-51，53-54，63，72-75

符号学　semiotics　115

福柯，米歇尔　Foucault，M.　16-17,19,26,87-88,95,98

福特 T 型车　Model T Ford　110

富歇，克里斯蒂安　Fouchet，C.　21

格雷夫斯，迈克尔　Graves，M.　117

《拱廊街计划》　*Arcades Project，The*　109

关键的警察　Keystone Cops　30

《关于越南的讨论》　*Discourse on Vietnam*　3，20

《规训与惩罚：监狱的诞生》　*Discipline and Punish：The Birth of the Prison*　87

哈贝马斯，尤尔根　Habermas，J.　37

《哈克贝利·费恩历险记》　*Adventures of Huckleberry Finn，The*　124

海德格尔，马丁　Heidegger，M.　3,12,55

《海湾战争没有发生过》　*Gulf War Did Not Take Place，The*　93-95

赫尔,迈克尔　Herr, M.　123-124

黑格尔,格奥尔格　Hegel, G.　9-13,14-15,26,50,78-79,97

《黑格尔〈精神现象学〉的起源与结构》　*Genesis and Structure of Hegel's Phenomenology of Spirit*　9-10

《黑格尔导读》　*Introduction to the Reading of Hegel*　9-10

红色旅　Red Brigade　102

后结构主义　poststructuralism　16

后现代主义　postmodernism　83

后现代建筑　postmodern architecture　117, 121-124

《后现代状况》　*Postmodern Condition, The*　83, 86, 92

后殖民主义　postcolonialism　57

胡塞尔,埃德蒙德　Husserl, E.　10

《华盛顿邮报》　*Washington Post*　88

《荒原》　*Waste Land, The*　28

货物神话　cargo myth　68-69

《机器人会梦见电子羊吗?》　*Do Androids Dream of Electric Sheep?*　35

《机械复制时代的艺术作品》　'Work of Art in the Age of Mechanical Reproduction, The'　109

基辛格,亨利　Kissinger, H.　89

吉拉尔,勒内　Girard, R.　103

《尖端泄露》　*Pointe du Fuite*　3

建筑　architecture　17-19

交换价值　exchange value　65

《结构人类学》　*Structural Anthropology*　15

结构主义　structuralism　15-17

解构性的基础设施　deconstructive infrastructure　118

解构　deconstruction　55-56

《金枝》　Golden Bough, The　37,47,56-57

《惊天大阴谋》All The President's Men　81

《精神现象学》　Phenomenology of Spirit, The　9-13,78-79

《景观社会》　Society of the Spectacle　97-98

科波拉,弗朗西斯　Coppola, F.　90-91

科恩-班迪特,丹尼尔　Cohn-Bendit, D.　21-22

《科学的准确性》　'Of Exactitude in Science'　84

《科学管理原理》　Principles of Scientific Management　110

科耶夫,亚历山大　Kojève, A.　9

克洛画廊　Clore Gallery　117

肯尼迪(总统)　JFK(President)　126

恐怖主义　terrorism　99-106

《恐怖主义精神》　Spirit of Terrorism, The　103-106

夸富宴　potlatch　14,48-57,60-61

《夸富宴研究文集》　Potlatch Papers, The　52

拉康,雅克　Lacan, J.　16-17

《拉康文集》　Écrits　16

《冷记忆》　Cool Memories　108,129,134

冷战　Cold War　93,99,102-103

《礼物》　Gift, The　15,48,51-52,78

利奥塔,让-弗朗索瓦　Lyotard, J.-F.　83,86,92

利恩哈特,莫里斯　Leenhardt, M.　59

列斐伏尔,亨利　Lefebvre, H.　17-18, 40-41, 66-68

列维,让　Léry, J.　59

列维-斯特劳斯,克洛德　Lévi-Strauss, C.　15-16, 19, 73-74, 77, 117-118

《论文字学》　Of Grammatology　55

洛杉矶当代艺术博物馆　Museum of Contemporary Art, Los Angeles　117

马克思,卡尔　Marx, K.　11, 15, 63-79

马克思主义　Marxism　11, 63-79

《马拉/萨德》　Marat/Sade　3-4, 13, 20

马林诺夫斯基,布罗尼斯拉夫·卡斯帕　Malinowski, B.K.　54

《毛二世》　Mao II　99

美国　America　2, 107-124, 140

《美国》　America　108, 110-114, 118-119, 126, 129, 136

《密码》　Passwords　134

摩加迪沙人质案　Mogadishu hostages　103

莫罗,阿尔多　Moro, A.　102

莫内,让　Monnet, J.　2

莫内计划　Monnet Plan　2-3, 17, 25, 88

莫斯,马塞尔　Mauss, M.　15, 48-49, 51-54, 59, 78

楠泰尔(巴黎的大学)　Nanterre(University of Paris)　1, 20-24

尼采,弗里德里希　Nietzsche, F.　3, 39-40, 130

尼克松,理查德(总统)　Nixon, R.(President)　81-82; 行政 administration　89

《拟像与拟真》　*Simulacra and Simulations*　45-47，90-91，99-100,126-128

《拟真》　*Simulations*　2，82-89，90，95-98

拟真的第三序列　third-order simulation　84，92-93，100，132

拟真的第四序列　fourth order of simulation　132-136

《拍卖第四十九批》　*Crying of Lot 49, The*　83

皮尔士,查尔斯·桑德斯　Peirce, C. S.　115

皮卡尔,雷蒙　Picard, R.　19

品钦,托马斯　Pynchon, T.　83

《普通语言学教程》　*Cours de linguistique générale*　15-16

栖居地(蒙特利尔)　Habitat(Montreal)　19

启蒙运动　Enlightenment, The　37

乔伊斯,詹姆斯　Joyce, J.　28

情境主义国际　Situationist International　18

全景敞视监狱　panopticon　87-88

人类主义建筑学　anthropomorphic architecture　117

《人文科学话语中的结构、符号与游戏》　'Structure, Sign and Play in the Discourse of the Human Sciences'　118

人质　hostages　101-103

《日常生活批判》　*Critique of Everyday Life*　40-41，66-68

《如是》　*Tel Quel*　19

萨德侯爵　de Sade, M.　4，13

萨夫迪,莫瑟 Safdie, M. 19

萨特,让-保罗 Sartre, J.-P. 3, 9, 19

山下和正 Yamashita, K. 117

商品拜物教 commodity fetishism 36-38

《深入报道》 Dispatches 123-124

《生产之镜》 Mirror of Production, The 63-64, 75-77

使用价值 use value 65

事件 event 103-104, 106

《书写与差异》 Writing and Difference 55

叔本华,亚瑟 Schopenhauer, A. 3

述行性知识 performative knowledge 86

水门事件 Watergate 81-83, 87-89, 98, 107

斯宾格勒,奥斯瓦尔德 Spengler, O. 123

碎片阶段 fractal stage 132

《索拉里斯星》 Solaris 119

索尼 Sony 138

索绪尔,费尔迪南 Saussure, F. 15-16, 115

塔萨代族 Tasaday 45-46

泰勒,查尔斯 Taylor, C. 11-12

泰勒,弗雷德里克 Taylor, F. 110

泰勒主义和福特主义 Taylorism & Fordism 110, 137-138

泰特美术馆 Tate Gallery 117

汤卡,休伯特 Tonka, H. 18

替罪羊 scapegoat 103

吐温,马克 Twain, M. 124

《完美的罪行》　*Perfect Crime，The*　133

魏斯，彼得　Weiss，P.　3-4，13，20

维特根斯坦，路德维希　Wittgenstein，L.　37，47，56-57

文德斯，维姆　Wenders，W.　114-116

翁达杰，迈克尔　Ondaatje，M.　115

乌托邦建筑　utopian architecture　18-19

乌托邦小组　Utopic Group　18-19

五角大楼文件　Pentagon Papers　81

伍德沃德，鲍勃　Woodward，B.　88

伍尔芙，弗吉尼亚　Woolf，V.　28

《物体系》　*System of Objects，The*　9，20，25，27-43，63，75

《西方的没落》　*Decline of the West，The*　123

袭击"双子星"（9·11事件）　attack on the World Trade towers
　　（9/11）　99-100，103-106，133

《现代》　*Les Temps Modernes*　3

《现代启示录》　*Apocalypse Now*　90-91

现代主义　modernism　28，83

《象征交换与死亡》　*Symbolic Exchange and Death*　56-62，
　　126，31

象征性交换　symbolic exchange　48-51，73-74，78-79

消费谱系　genealogy of consumption　71

《消费社会》　*Consumer Society，The*　15，38-40，63-72，75

新词　neologisms　55

新闻集团　News Corporation　138

虚无主义　nihilism　126-128，136

《演说与现象》　*Speech and Phenomena*　55

伊波利特, 让　Hyppolite, J.　9-10

伊甸园工程　Eden Project　142

《银翼杀手》　*Blade Runner*　35

《英国病人》　*English Patient, The*　115

《尤利西斯》　*Ulysses*　28

原始主义　primitivism　36, 45-62

越南战争　Vietnam War　20, 83, 89-92, 98, 107, 123-124

《在沉默的大多数的阴影下》　*In the Shadow of the Silent Majorities*　2

詹克斯, 查尔斯　Jencks, C.　117

詹姆逊, 弗雷德里克　Jameson, F.　121-124, 139

《致命的策略》　*Fatal Strategies*　60-61, 100-103

《致命的幻觉》　*Vital Illusion, The*　135-136

《终结的幻觉》　*Illusion of the End, The*　131-132

竹山实　Takeyama, M.　117

主/奴斗争　Master/slave struggle　11-13, 50

《资本论》　*Das Kapital*　11, 64-66, 69, 76-77

让·鲍德里亚思想源流简图

柏 惰 绘

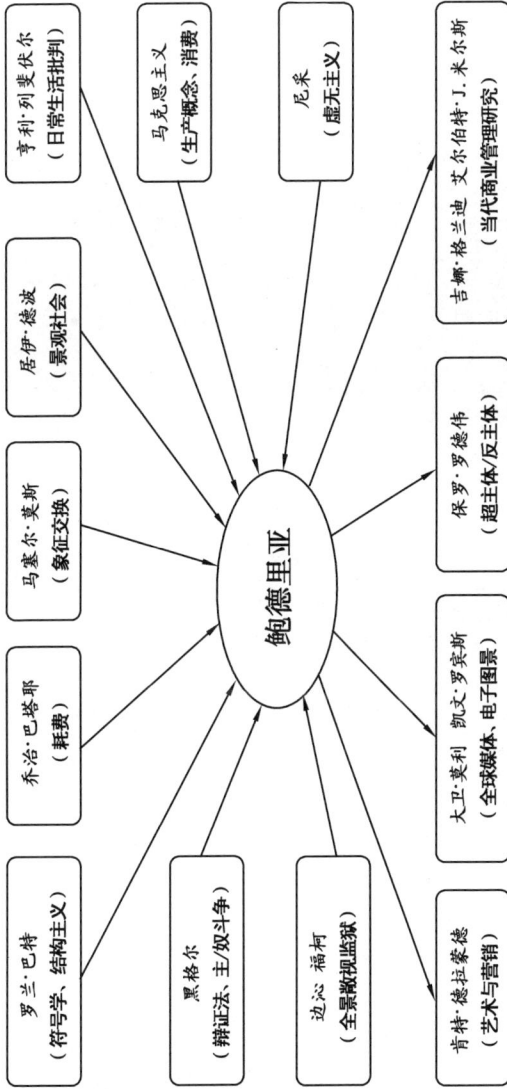

图书在版编目(CIP)数据

导读鲍德里亚:原书第2版/(加)理查德·J. 莱恩
(Richard J. Lane)著;柏愔,董晓蕾译.—重庆:
重庆大学出版社,2016.7(2020.5重印)
(思想家和思想导读丛书)
书名原文:Jean Baudrillard 2e
ISBN 978-7-5624-9929-9

Ⅰ.①导… Ⅱ.①理… ②柏… ③董… Ⅲ.①鲍德里
亚—哲学思想—研究 Ⅳ.①B565.59

中国版本图书馆CIP数据核字(2016)第143706号

导读鲍德里亚
(原书第2版)

理查德·J. 莱恩 著

柏 愔 董晓蕾 译

策划编辑:邹 荣 林佳木 雷少波
责任编辑:邹 荣 版式设计:邹 荣
责任校对:贾 梅 责任印制:张 策

*

重庆大学出版社出版发行
出版人:饶帮华
社址:重庆市沙坪坝区大学城西路21号
邮编:401331
电话:(023)88617190 88617185(中小学)
传真:(023)88617186 88617166
网址:http://www.cqup.com.cn
邮箱:fxk@cqup.com.cn(营销中心)
全国新华书店经销
重庆市正前方彩色印刷有限公司印刷

*

开本:890mm×1168mm 1/32 印张:7.125 字数:166千 插页:32开2页
2016年7月第1版 2020年5月第3次印刷
ISBN 978-7-5624-9929-9 定价:42.00元

封面设计：史英男　刘　骥

荒岛書店

gu⅃de

思想家和思想导读丛书

★表示已出版

思想家导读

导读齐泽克★   导读德里达★

导读德勒兹★   导读弗洛伊德(原书第 2 版)★

导读尼采★   导读海德格尔(原书第 2 版)

导读阿尔都塞★   导读鲍德里亚(原书第 2 版)★

导读利奥塔★   导读阿多诺★

导读拉康★   导读福柯

导读波伏瓦★   导读萨义德(原书第 2 版)

导读布朗肖★   导读阿伦特

导读葛兰西★   导读巴特勒

导读列维纳斯★   导读巴赫金

导读德曼★   导读维利里奥

导读萨特★   导读利科

导读巴特★

思想家著作导读

导读尼采《悲剧的诞生》★   导读德勒兹《差异与重复》

导读巴迪欧《存在与事件》   (亨利·萨默斯-霍尔 著)

导读德里达《书写与差异》   导读德勒兹与加塔利《什么是哲学?》

导读德里达《声音与现象》   导读福柯《性史(第一卷):认知意志》★

导读德里达《论文字学》   导读福柯《规训与惩罚》

导读德勒兹与加塔利《千高原》   导读萨特《存在与虚无》

导读德勒兹《差异与重复》   导读维特根斯坦《逻辑哲学论》

(乔·休斯 著)   导读维特根斯坦《哲学研究》

思想家关键词

福柯思想辞典★   朗西埃:关键概念

拉康派精神分析介绍性辞典   布迪厄:关键概念(原书第 2 版)

巴迪欧:关键概念   福柯:关键概念

德勒兹:关键概念(原书第 2 版)   阿伦特:关键概念

阿多诺:关键概念   德里达:关键概念

哈贝马斯:关键概念   维特根斯坦:关键概念